utb 3675

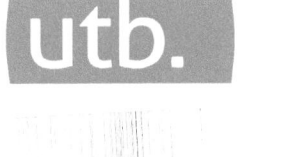

Eine Arbeitsgemeinschaft der Verlage

Böhlau Verlag · Wien · Köln · Weimar
Verlag Barbara Budrich · Opladen · Toronto
facultas · Wien
Wilhelm Fink · Paderborn
Narr Francke Attempto Verlag / expert verlag · Tübingen
Haupt Verlag · Bern
Verlag Julius Klinkhardt · Bad Heilbrunn
Mohr Siebeck · Tübingen
Ernst Reinhardt Verlag · München
Ferdinand Schöningh · Paderborn
transcript Verlag · Bielefeld
Eugen Ulmer Verlag · Stuttgart
UVK Verlag · München
Vandenhoeck & Ruprecht · Göttingen
Waxmann · Münster · New York
wbv Publikation · Bielefeld
Wochenschau Verlag · Frankfurt am Main

Holger Walther ist Diplom-Psychologe und bietet seit fast 30 Jahren die Psychologische Beratung der Humboldt-Universität zu Berlin an. Neben der Beratung von Studierenden in Einzelgesprächen führt er vor allem auch Kurse zum Abbau von Prüfungs- und Redeängsten durch und hält Vorträge zu Lern- und Arbeitstechniken. Er arbeitet außerdem als Psychotherapeut in einer eigenen Praxis.

Außerdem ist er ist Autor weiterer Ratgeber zu den Themen „Studienwahl" und „Ängsten beim Führerschein und späteren Autofahren".

Holger Walther

Ohne Prüfungsangst studieren

3., überarbeitete und erweiterte Auflage

UVK Verlag · München

Umschlagabbildung: Media Trading Ltd
Emojis im Buch: Justicon · iStock

Bibliografische Information der Deutschen Nationalbibliothek
Die Deutsche Nationalbibliothek verzeichnet diese Publikation in der Deutschen
Nationalbibliografie; detaillierte bibliografische Daten sind im Internet über
http://dnb.dnb.de abrufbar.

3. Auflage 2021
2. Auflage 2015
1. Auflage 2011

© UVK Verlag 2021
– ein Unternehmen der Narr Francke Attempto Verlag GmbH + Co. KG
Dischingerweg 5 · D-72070 Tübingen

Internet: www.narr.de
eMail: info@narr.de

Einbandgestaltung: Atelier Reichert, Stuttgart
CPI books GmbH, Leck

utb-Nr. 3675

ISBN 978-3-8252-5577-0 (Print)
ISBN 978-3-8385-5577-5 (ePDF)
ISBN 978-3-8463-5577-0 (ePUB)

Was Sie vorher wissen sollten!

Prüfungsmomente kennt jede*r, denn es gibt sie in den verschiedensten Bereichen unseres Alltags. Natürlich sind diese am häufigsten in Schule, Ausbildung oder Studium zu finden.

Die meisten Menschen mögen Prüfungen nicht wirklich gerne, doch manche stellen sich den Prüfungen sogar freiwillig, um zum Beispiel den Führerschein zu erhalten. Und selbst bei Musik und Sport sind der Konzertauftritt oder der Wettkampf und das Turnier ernsthafte Momente, in denen es darum geht, zu einem Zeitpunkt zu zeigen, was man kann und gelernt hat.

Dementsprechend angespannt begegnen Menschen diesen Prüfungsmomenten, schließlich liegt ihnen etwas daran, die über längere Zeit geübte Sache gut zu präsentieren. Anspannung und Aufregung sind in solchen Situationen durchaus normal. Inzwischen ist sogar erwiesen, dass eine gewisse Portion Adrenalin förderlich ist, um tatsächlich die persönliche Höchstleistung zu zeigen. Diese Anspannung wird Lampenfieber genannt. Im Idealfall wird sie durch Stolz und Anerkennung belohnt, wenn die Leistung vollbracht wurde.

Wenn der Körper in Prüfungssituationen verrücktspielt …

Leider gibt es aber viele Menschen, bei denen die Gefühle aus weit mehr als Lampenfieber bestehen. Diese Menschen haben den Eindruck, dass Körper und Psyche in Prüfungsmomenten verrücktspielen. Ständig spüren sie eine Grundanspannung, die selbst durch Lernen nicht besser wird. Vielleicht kommen Schlafstörungen, fehlender Appetit oder Übelkeit und eine allgemeine Gereiztheit dazu. Wer das in der Vorbereitungszeit alles noch im Griff hatte, steht in der eigentlichen Prüfung oft neben sich.

Viele Menschen versuchen diesen Ängsten durch intensives Lernen und Arbeiten zu begegnen. Sie wollen auf Nummer sicher gehen und lernen lieber zu viel als zu wenig. Was dann aber meistens geschieht ist, dass der zu behandelnde Stoff hoch detaillierter aufgearbeitet wird. Immer neue Seitenstränge und verwandte Themen müssen in der

Folge noch verwertet werden, sodass der zu lernende Stoff zu kurz kommt. Oder aber es schlägt ins blanke Gegenteil um: Vermeiden um jeden Preis.

Das hängt damit zusammen, dass Menschen angeborener Maßen solchen Situationen, vor denen sie Angst haben, aus dem Weg gehen. Die Vermeidung eskaliert oft im kompletten Verhindern von Prüfungen. Von Angst geplagte Studierende melden sich gar nicht erst zur Prüfung an oder sagen einen bereits feststehenden Termin wieder ab. Ganz kurzfristig hilft da oft nur noch eine Krankschreibung. So entgehen Menschen mit Prüfungsangst natürlich am leichtesten der als gefährlich empfundenen Situation. Vielleicht war das auch schon ein Gedanke von Ihnen, den Sie sogar einmal in die Tat umgesetzt haben.

Aber was hilft das in Bezug auf Prüfungen? Schließlich müssen die ja abgelegt werden – da kommt niemand daran vorbei. Wer dennoch hingeht, versucht wenigstens ein paar der Rahmenbedingungen zu kontrollieren und zu verbessern: Zum Beispiel eine nette Prüferin gleich früh morgens. Wirklich ruhiger macht das aber nicht.

... können Sie etwas dagegen tun!

Ich möchte Sie deshalb mit diesem Buch unterstützen, etwas direkt und umfassend gegen Ihre Prüfungsangst zu tun. Dazu gebe ich Ihnen gerne meine Erfahrungen aus den vielen durchgeführten Prüfungsangstgruppen weiter. Bewährt hat sich in diesen Gruppen das von mir zusammengestellte **Triadische Modell gegen Prüfungsangst**, bei dem Sie von drei Seiten aus gezielt der Angst begegnen und sie abbauen:

» Sie werden Ihre eigenen **störenden Einstellungen und Bewertungen** entdecken und verändern.

» Durch hilfreiche **Lern- und Arbeitsbedingungen** sollen Sie ausgeglichener lernen und Ihr Gedächtnis optimal einsetzen können.

» Und durch eine **Entspannungsübung** werden Sie unmittelbar Ihren Körper positiv beeinflussen.

Sie können es wie ein Training einer noch nie ausgeübten Sportart oder wie das Erlernen einer neuen Sprache sehen: Stück für Stück kommen Sie mit jeder Seite dieses Buches Ihrem Ziel näher, die Angst abzubauen. Das braucht seine Zeit, damit unsere eher träge Psyche die neuen Ideen annimmt, umsetzt und dann als ihre eigenen Fähigkeiten benutzen kann.

In diesem Sinne kann das Training nun beginnen. Sind Sie startklar? Dann geht's los!

Berlin im Januar 2021

Holger Walther

 holger.walther@uvk-muenchen.de

Inhalt

Teil 1:
Prüfungsangst und wie dieses Buch hilft

Die Dinge und die Meinungen darüber sind nicht dasselbe
– nicht die Dinge selbst beunruhigen den Menschen,
sondern die Urteile über die Dinge.

Epiktet, 50 n. Chr.

1 Über die Angst und dieses Buch

Erfolg ist eine Treppe, keine Tür.

Dottie Walters

1.1 Wie benutze ich dieses Buch?

Bitte beginnen Sie die Arbeit mit diesem Buch mit genau diesem Kapitel. Aber Sie sind ja schon dabei – der Anfang ist gemacht. Denn ich möchte Sie als Erstes mit meiner Denk- und Arbeitsweise im Zusammenhang mit Prüfungsangst vertraut machen. Sie werden dann besser nachvollziehen können, warum die unterschiedlichen Schritte, die Sie nach und nach kennenlernen, alle zur Veränderung der Angst vor und in Prüfungen beitragen und wie daraus letztendlich mein **Triadisches Modell der Prüfungsangst** entstanden ist. Damit haben Sie eine Grundlage, die Ihnen beim Verstehen und vor allem beim Umsetzen der einzelnen Kapitel hilfreich sein wird. Und deshalb ist es gut, dieses Buch eben wie einen Roman ganz vorne zu beginnen. „Teil 1: Wissenswertes" sollten Sie kontinuierlich Seite für Seite lesen und am Ende einen Fragebogen, den **Prüfungsangst-Check**, ausfüllen und anwenden. In „Teil 2: Die Phasen der Prüfungsangst" sind die einzelnen Kapitel jeweils in vier Module unterteilt:

» **Einführung,**
» **Selbstverbalisationen,**
» **Lerntechniken** und
» **Entspannungsübung.**

Es bietet sich zwar an, ein Kapitel, das sich mit einem spezifischen Prüfungszeitpunkt beschäftigt, vom Anfang bis Ende durchzuarbeiten, jedoch ist es auch möglich, erst alle Lern- und Arbeitstechniken oder alle Entspannungsübungen kennenzulernen und das Passende in den eigenen Lernalltag zu übernehmen. Denn diese beiden Module gehören nicht ausschließlich zu dem jeweiligen beschriebenen Prüfungszeitpunkt. Das Modul „Selbstverbalisationen" ist in allen Kapiteln identisch aufgebaut und formuliert, da es eine Arbeitsanleitung ist und von Ihnen auf Ihre eigene persönliche Situation übertragen wird. Sie werden also an die für Sie persönlich wichtigen Stellen des Buches springen. Wie das genau gehen wird, damit endet dann auch diese Einleitung.

1.2   Was ist eigentlich Prüfungsangst?

Zunächst einmal ist Prüfungsangst eine von sehr vielen, verschiedenen Formen von Ängsten, die Menschen haben können. So gibt es vor allem Höhenangst, Flugangst, Angst vor Spinnen oder Schlangen, Platzangst oder Rede- und Prüfungsangst.

☺ **Gut zu wissen!**

Allen Ängsten gemeinsam ist der extrem unangenehme Zustand der Aufregung, der sich körperlich und psychisch auswirkt. Unruhe, Konzentrationsprobleme, Herzrasen, Appetitlosigkeit, Übelkeit oder Selbstzweifel werden von vielen Betroffenen genannt. Störende Folgen dieser Aufregung können Schlafprobleme, Konzentrationsstörungen und psychosomatische Beschwerden sein. Das psychische Wohlbefinden wird also massiv beeinflusst und Ängste schränken damit ganz konkret den Lebensalltag ein. Und im Zusammenhang mit dem Studium wirken sich diese dann direkt auf die Lern- und Arbeitsfähigkeit aus.

Wie häufig eigentlich Prüfungsangst vor allem bei Studierenden vorkommt, weiß selbst die Wissenschaft bisher noch nicht (Fehm, 2010). Wenn Sie aber davon ausgehen, dass ein Viertel aller Studierenden in Deutschland psychologische Hilfe benötigt und Prüfungsangst einen der häufigsten Anlässe für eine erste Beratung an Hochschulen darstellt, dann würde ich vermuten, dass bei Berücksichtigung einer

Dunkelziffer mindestens 10 % aller Studierenden stärkere Prüfungsängste kennen. Sie sind also als Leser*in dieses Buches ganz sicherlich
nicht ein seltener Fall, was auch die Tatsache belegt, dass die meisten
psychologischen Beratungsstellen der deutschen Hochschulen **Gruppen gegen Prüfungsangst** in ihrem Angebot haben.

Der natürliche Impuls ist es, derart unangenehme Zustände zu vermeiden. Wenn Prüfungsangst aber dazu führt, den Prüfungen aus dem
Weg zu gehen, dann sind die unmittelbaren Folgen eine Verzögerung
des Studiums oder sogar ein fehlender Studienabschluss. Gefühlsmä-
ßig entstehen Ärger über sich selbst, Verzweiflung, Enttäuschung und
Hoffnungslosigkeit. Denn Prüfungsangst wird auch als **Leistungsangst** bezeichnet und drückt damit aus, dass es unmöglich scheint, in
diesem Zustand die wirklichen Fähigkeiten und das Wissen zu zeigen.

Paradox erscheint es, das viele während der Vorbereitung den zu lernenden Stoff eigentlich beherrschen, dann aber in der Prüfung plötzlich zu ihrem Wissen keinen Zugang bekommen und dadurch nicht
wiedergeben können. Dabei hatten sie die Dinge in einer Arbeits-
gruppe den anderen sogar erklärt. Ebenso fallen ihnen nach der Prüfung viele richtige Antworten doch noch ein und es bleibt lediglich die
Enttäuschung übrig, „Warum habe ich das denn nicht gesagt?" oder in
der Klausur „Warum habe ich das denn nicht geschrieben?".

> ☺ **Gut zu wissen!**
>
> Erklären lässt sich dieses Phänomen folgendermaßen: Große Be-
> denken hinsichtlich der eigenen Leistungsfähigkeit benötigen
> enorm viel Aufmerksamkeit. Diese steht damit nicht mehr für die
> eigentliche Aufgabe zur Verfügung. Das muss in letzter Konse-
> quenz zu einer schlechteren Leistung führen. Deshalb ist ein
> wichtiger Teil dieses Buches die Bearbeitung dieser persönlichen
> Bedenken.

Was aber ist, wenn schon die Vorbereitung selbst nicht angemessen
gelingt? Tatsächlich können fehlende oder falsche Lern- und Arbeitstechniken bewirken, dass trotz eines bestimmten Zeitaufwands relativ

wenig „hängen bleibt". Dann werden selbst gesteckte Lernziele nicht erreicht und im Vergleich mit anderen schneidet man schon im Vorfeld schlechter ab. In so einem Fall ist die Prüfungsangst geradezu berechtigt, denn schlecht vorbereitet sollte man eigentlich nicht in die Prüfung gehen. Das ist doch, als renne man wissentlich ins offene Messer. Damit Sie gut vorbereitet sind, finden Sie in jedem Kapitel auch etwas zu den unterschiedlichen **Lern- und Arbeitstechniken**.

Letztendlich führt eine latent vorhandene Angst auch dazu, dass sich der Körper vollkommen verspannt. Dieser Zustand ist äußerst hinderlich für das konzentrierte Lernen und Arbeiten und Sie sehen, dass schon möglichst früh, also im weiten Vorfeld der Prüfung, etwas unternommen werden sollte. Die drei Bereiche **Selbstverbalisationen**, **Lern- und Arbeitstechniken** und **Entspannung** greifen weit ineinander und werden daher in allen Kapiteln parallel angegangen.

☺ Gut zu wissen!

Dieses Buch wendet sich in erster Linie an alle Lernenden, die unter der besonderen Angst vor Prüfungen an einer Universität bzw. Hochschule leiden. Die Beispiele und Interventionen können durchaus auf alle anderen Prüfungssituationen in Schule, Ausbildung oder in der Freizeit übertragen werden. Und auch andere Ängste könnten damit verändert werden, weil es bei dieser Methode immer um den Abbau von hinderlichem Verhalten und gleichzeitig den Aufbau hilfreicher und unterstützender Verhaltensweisen und damit auch um eine Stärkung des Selbstwertgefühls geht.

1.3   Was verändert dieses Buch?

Dieses Buch verstehe ich als eine Art von Zusammenarbeit, auch wenn wir uns gar nicht kennen und nicht wirklich miteinander arbeiten. Unsere Zusammenarbeit besteht nun darin, dass ich Ihnen in diesem Buch Anregungen gebe, auf eine bestimmte Art über sich nachzudenken und mit bewährten Methoden etwas an Ihrer Situation zu verändern. Ihr Beitrag wird es sein, die Anregungen aufzugreifen und aktiv umzusetzen. Wenn eine*r von uns beiden also nicht mitmacht, wird nichts geschehen. Damit wir aber zusammen am selben Strang ziehen, möchte ich, dass wir uns auf folgendes Ziel einigen:

> **Mein Ziel im Zusammenhang mit meinen Prüfungsängsten**
>
> Mithilfe dieses Buches möchte ich die mich behindernden Gefühle im Zusammenhang mit Prüfungen verändern. Ich möchte mit deutlich weniger Selbstzweifeln und Ängsten die Prüfungen grundsätzlich bewältigen, indem ich die mich behindernden Gefühle unterbrechen, abkürzen oder sogar verhindern kann und durch eine angemessene und unterstützende Haltung ersetze.

Können Sie diesem von mir formulierten Ziel grundsätzlich zustimmen? Falls Sie diesen Satz innerlich nicht bejahen können, gibt es wahrscheinlich andere Bedenken, die eine Veränderung zum jetzigen Zeitpunkt noch nicht möglich machen und eher durch eine Beratung geklärt werden sollten. Wenn Sie dem Ziel allerdings zustimmen können, dann kann es losgehen! Passen Sie bitte auf, dass Sie dieses Ziel nicht selbst unterwandern, indem Sie unbewusst noch ein paar weitere Forderungen und Erwartungen mitschwingen lassen. So kann das Ziel nämlich nicht ein bestimmtes Prüfungsergebnis sein oder auch nicht das garantierte Bestehen der Prüfung. Diese Ergebnisse hängen schließlich von viel mehr Faktoren ab als nur von einer Prüfungsangst. Auch ohne Prüfungsangst kann man durchaus schlechte Ergebnisse erzielen oder durchfallen. Es ist daher nicht möglich, dafür eine Garantie zu geben.

Es ist hilfreich, wenn in Ihrem jetzigen Studienplan konkrete mündliche oder schriftliche Prüfungen bevorstehen, auf die Sie ganz gezielt hin dieses Buch durcharbeiten. Fangen Sie dann rechtzeitig an, damit die neuen Strategien, die Ihnen dieses Buch vermittelt, mehr und mehr zur Gewohnheit werden können.

☺ Gut zu wissen!

Das Buch kann Ihnen natürlich nicht helfen, wenn Sie zu wenig oder gar nicht gelernt haben. Zweifel, ob eine Prüfung zu bestehen ist, sind dann mehr als berechtigt und sollen Sie schließlich warnen. Und erwarten Sie bitte nicht, dass sämtliche unangenehmen Gefühle verschwinden.

Denn die Aufregung in Form von **Lampenfieber** ist gesunder Bestandteil und es darf nicht versucht werden, sie zu beseitigen. Und auch in einem speziellen Fall bleibt die Angst bestehen: immer dann, wenn sie von der Psyche nur als Mittel zum Zweck aktiviert wird. Was das tatsächlich bedeutet, will ich Ihnen im Folgenden erklären. Beschäftigen Sie sich deshalb bitte einen Moment mit folgender Frage, bevor Sie beginnen, Stück für Stück etwas gegen Ihre Prüfungsangst zu unternehmen.

1.4   Welchen Sinn und Zweck hat Angst?

Ich möchte Sie zu einer ersten **Selbstreflexion** anregen, die Ihnen vielleicht etwas ungewöhnlich vorkommt. Es könnte nämlich sein, dass die Prüfungsangst, die so lästig erscheint, irgendwie sogar einem guten Zweck dienen könnte. Wie ist das gemeint?

Wenn Angst ein Schutzmechanismus ist, der mich vor gefährlichen Situationen bewahren soll, dann kann unsere Psyche diesen Schutz auch in einem übergeordneten Sinn aktivieren. Das bedeutet, dass die Angst nicht in einem unmittelbaren Zusammenhang zur Situation steht, sondern Mittel zum Zweck ist. Mit ein paar Beispielen will ich diese Idee erläutern.

Beispiel | Ein Angestellter kann nicht mehr Bus fahren

Ein Angestellter kann plötzlich seinen Bus zur Arbeit nicht mehr benutzen, obwohl er das seit Jahren selbstverständlich tut. Er mag nicht einsteigen, weil er die Enge nicht mehr aushalten kann und überlegt, einen Bus abzuwarten, der vielleicht nicht so voll besetzt ist. Um keine Zeit zu verlieren, geht er eine Haltestelle weiter zu Fuß und überlegt dabei, ob es nicht besser wäre, sich wieder ein Auto anzuschaffen oder mit dem Fahrrad zu fahren. Tatsächlich ist er höchst unzufrieden in seinem Job, weil der Chef ständig Aufgaben von ihm verlangt, die er nicht gerne mag oder sogar gar nicht kann. Dieser Stress ist ihm aber nicht bewusst und so geht er selbstverständlich täglich zur Arbeit und versucht, alles zur Zufriedenheit des Chefs zu erledigen. Seine Psyche aber versucht das zu verhindern, indem sie ihm schon den Weg dorthin unmöglich macht. Dadurch wird dieser Mann gezwungen, darüber nachzudenken, was ihn eigentlich wirklich überfordert. Denn eigentlich übt er seine Tätigkeit schon auch gerne aus.

Beispiel | Eine Frau hat bei der Urlaubsreise Flugangst

Eine kleine Familie hat schon vor ein paar Monaten die gemeinsame Urlaubsreise gebucht. Zum ersten Mal wird sie außerhalb ihrer Heimat sein und weit weg gehen. Eigentlich freut die Frau sich darauf und sie beschäftigt sich viel damit, was sie dort zusammen erleben werden. Als die Familie jedoch im Flugzeug sitzt, merkt sie eine zunehmende Unruhe. Plötzlich kann sie sich nicht mehr vorstellen, viele Stunden in diesem Raum mit all den Menschen eingeschlossen zu sein. Sie fühlt sich dem Piloten und der Technik vollkommen ausgeliefert. Tatsächlich hatte sie vorher Bedenken hinsichtlich ihres Urlaubsortes. Sie war ja noch nie im Ausland und spricht nicht die dortige Sprache. Sie hat gelesen, dass die hygienischen Verhältnisse schlecht sind und man wegen Magen-Darm-Infektionen aufpassen muss. Das Hotelgelände soll man nur mit einem Führer verlassen, da es sonst gefährlich sein kann, weil mehrmals alleinreisende Tourist*innen überfallen wurden. Diese Bedenken hat sie mit niemandem geteilt und wenn, dann hat ihr Mann diese als völlig übertrieben dargestellt. Sie versucht nun, ihre Bedenken zu verdrängen und sich zusammenzureißen. Ihre Psyche ist aber weiterhin unbewusst mit diesen Sorgen beschäftigt und sucht nun nach einem Ventil dafür. Alle Aufmerksamkeit wird auf den Flug gelenkt und aus den ursprünglichen Sorgen wird eine erste Flugangst. Die

Angst beinhaltet eine Notwendigkeit und Chance, darüber nachzudenken, was ihr wirklich Sorgen bereitet und was sie dagegen tun kann. Denn auf die Reise hatte sie sich schon auch gefreut.

**Beispiel | Ein Jurastudent fällt wegen Prüfungsangst
durch das erste Examen**

Ein Student der Rechtswissenschaften hat sein Studium in der Regelstudienzeit absolviert und eine typische etwa einjährige Examensvorbereitung mit vielen Probeklausuren und einem Repetitorium hinter sich gebracht. Überraschenderweise bemerkt er mit dem näher rückenden Termin eine enorme Steigerung seiner Aufgeregtheit, die er so noch nie im Zusammenhang mit Prüfungen erlebt hat. Er überlegt, ob er sich das Examen überhaupt zutraut und ob es nicht besser wäre, sich für diese Runde krank zu melden. Tatsächlich hat er das Studium nie aus eigener Überzeugung gemacht. Er soll einmal die gut eingeführte Kanzlei seiner Eltern übernehmen und es war schon zu Schulzeiten klar, dass er Rechtsanwalt werden wird. Er selbst hat viele Interessen und hätte sich vorstellen können, Lehrer zu werden, da er gern etwas Pädagogisches mit seinen Lieblingsfächern Mathe und Informatik verbinden würde. Er hat auch schon immer Nachhilfe gegeben und dabei festgestellt, dass er gern erklärt und versucht hat, den Schüler zu stärken und zu fördern. Dieses Interesse hat er nie als möglichen Berufswunsch deutlich geäußert und sich schon gar nicht getraut, nach dem Abitur es als Alternative zu Jura gegen den Willen der Eltern durchzusetzen. Als möglichen Beruf für sich hat er auch während des Studiums immer mal daran denken müssen, aber ein Wechsel schien mit jedem weiteren Semester erst recht unmöglich. Seine Psyche scheint nun die letzte noch mögliche Notbremse zu ziehen: mit einem bestandenen Examen wäre die Kanzlei der Eltern endgültig zementiert. Nur ohne Examen kann er das noch verhindern. Da er sich das direkt nie trauen würde, sorgt die Psyche mit einer Prüfungsangst gerade noch in letzter Minute dafür, dass der falsche Weg gestoppt wird. Man könnte sagen „Besser jetzt als nie." Die Prüfungsangst liefert dem Studenten ein wichtiges Argument und aufgrund der angespannten Situation fragen sogar die Eltern zum ersten Mal nach, ob

> Jura eigentlich das Richtige sei oder ob er sich etwas anderes als die Kanzlei vorstellen könne. So ein Gespräch wäre vorher nie möglich gewesen, weil alles letztendlich unauffällig verlief.

Was bedeuten nun diese Beispiele für Sie und Ihre Prüfungsangst? In letzter Konsequenz bedeutet es vor allem: Wenn mich die Angst gezielt aufhalten soll, dann kann man sie nicht einfach wegmachen! Sie kann nur dann reduziert werden, wenn es eine klassische Leistungsangst ist oder reduziert sich nämlich von selbst, wenn der eigentliche Zweck wie in den Beispielen auf andere Art und Weise erfüllt wird. Beispielsweise hilft die Angst dabei zu erkennen, dass Sie Ihr Studium unbewusst nicht beenden wollen, weil Sie die offensichtlich daraus folgende Berufstätigkeit nicht anstreben. So eine Erkenntnis kann tiefgreifende Veränderungen in Ihrem Leben bewirken, evtl. sogar ein ganzes Studium infrage stellen.

☺ Gut zu wissen!

Deshalb nehmen Sie sich bitte ein paar Minuten Zeit, um über Ihre aktuelle Situation nachzudenken und sich zu fragen, warum gerade jetzt eine Angst vor Prüfungen auftaucht. Könnte sie dazu beitragen sollen, den bisherigen Weg oder die zukünftigen Aussichten zu überdenken? Nehmen Sie solche Zweifel durchaus ernst und gehen Sie diesen Ideen, vielleicht auch in einem Gespräch mit Freund*innen, nach. Versuchen Sie, Alternativen zum jetzigen Studium oder auch interessante Arbeitsfelder zu finden. Wenn Sie jedoch zu dem Schluss kommen, dass Prüfungssituationen schon immer sehr unangenehm für Sie waren, Sie aber wirklich gern in einem der möglichen Berufsfelder arbeiten möchten, für das Sie gerade studieren, dann lesen Sie einfach weiter.

Warum macht Übung nicht den Meister?

Wie an andere Situationen auch, kann man sich grundsätzlich auch an Prüfungen gewöhnen. Jede neue, zunächst noch unbekannte Situation kann durchaus verunsichernd sein. Wenn man sich dann erst einmal ein bisschen besser auskennt, geht es leichter und ohne übertriebene Aufregung. Das ist aber ganz anders, wenn Sie bereits Prüfungsängste von sich kennen. Dann hilft es nämlich nicht, sich der Situation immer wieder auszusetzen. Im Gegenteil sogar. Da Sie im Zustand der Prüfungsangst hauptsächlich weitere schlechte Erfahrungen sammeln, bestätigen und verfestigen Sie die Ängste. Deshalb ist es gut, dass Sie versuchen, mit diesem Buch aktiv etwas gegen Ihre Ängste zu tun.

1.5   Welche Symptome der Angst gibt es?

Kaum einen Begriff aus der Psychologie benutzen wir im Alltag so selbstverständlich, wie den Begriff „Angst". Schon als kleines Kind kann es vorkommen, dass man beispielsweise beim Ausprobieren neuer Dinge zu hören bekommt, „Mach doch, Du brauchst keine Angst haben." Angst ist ein Alltagsphänomen und große Teile davon sind aufgrund unserer Evolution sogar angeboren und damit tief verankert. Daraus können wir schließen, dass es sogar gesund sein kann, Angst zu empfinden. In gefährlichen Situationen kann Angst uns davor schützen, Dinge zu tun, die uns noch mehr in Gefahr bringen und unser Leben gefährden. Wenn wir etwa in der 4. Etage auf einem Balkon stehen und bemerken, dass das Geländer wackelig ist, dann ist es besser, einen Schritt Abstand zu halten und für eine Reparatur des Geländers zu sorgen. Um andere rechtzeitig zu warnen, könnte man ein rotweißes Baustellenband als Absperrung und einen großen Zettel an der Balkontür anbringen. Dies alles sind durchaus sinnvolle Reaktionen auf die erlebte Schrecksekunde, die blitzschnell durch den ganzen Körper schießt.

In einem ganz anderen Zusammenhang aber, nämlich beim Lernen in der Schule, in der Ausbildung und im Studium oder beim Ausüben des Berufs kann Angst in Form von Leistungsangst unseren Lernerfolg und die berufliche Karriere in erheblichem Maß beeinträchtigen. Angst hemmt dann nämlich den Einsatz unserer kognitiven Fähigkeiten, wie z.B. das gezielte Lernen und Abrufen von Wissen, die Kreativität und das analytische Denken.

☺ Gut zu wissen!

Ein ängstlicher Mensch kann nie seine tatsächlichen Fähigkeiten ausschöpfen und zeigen. So erklärt es sich auch, dass man aufgrund der besuchten Seminare vielleicht einen guten Eindruck als interessierte, kompetente, aktive Student*in hinterlässt, diesen aber in der Prüfung nicht bestätigen kann.

Prüfer*innen kommentieren solche Erfahrungen dann mit Bemerkungen wie „Ich weiß doch, dass Sie das wissen."

Der Unterschied zwischen Furcht und Angst

Schauen wir uns zunächst den gesunden Teil an, um zu verstehen, was im Körper eigentlich geschieht. Sie werden dann schnell erkennen, dass ein Großteil der beschriebenen Phänomene aber genauso im Zusammenhang mit Prüfungen auftaucht.

Wenn die Psychologie deutlich machen will, dass es neben einem gesunden auch einen ungesunden Aspekt von Angst gibt, dann gelingt dies am besten mit der Unterscheidung von „Furcht" und „Angst".

Als **Furcht** wird der vielen Lebewesen angeborene, biologische Mechanismus bezeichnet, der uns einen Umgang mit gefährlichen Situationen ermöglicht. Da gefährliche Situationen sehr unterschiedlich sein können und nicht immer eindeutig vorhersehbar sind, ist der Furchtmechanismus vor allem schnell und zunächst unabhängig von unserem Willen und Bewusstsein. Das ist sinnvoll, damit wir insgesamt nicht zu leichtsinnig sind und tatsächliche Gefahren ignorieren oder übersehen könnten. Und würde es nicht schnell genug gehen, weil wir erst lange hin und her überlegen müssten, was die eine oder andere Beobachtung gerade bedeuten soll, wären wir vielleicht längst verletzt oder tot. Deshalb bewirkt die Furcht eine Aktivierung unseres gesamten Körpers. Und egal, was wir gerade gemacht haben (selbst aus der absoluten Entspannung, Unaufmerksamkeit oder aus dem Schlaf heraus) werden wir in einen enorm aktivierten Zustand versetzt, der es uns ermöglicht, auf drei Arten zu reagieren, nämlich mit **Fright**, **Fight** oder **Flight** (Cannon, 1929):

» Stillhalten und Abwarten (Fright)
» Kämpfen und Verteidigen (Fight)
» Fliehen (Flight)

Das kann nur funktionieren, wenn unser aktueller Körperzustand vollkommen ignoriert wird. So wären beispielsweise Müdigkeit, Hunger oder Schmerzen mehr als ungünstig, wenn man sich doch durch Weglaufen retten wollte. Zum Glück stellt der Körper aufgrund unserer Entwicklungsgeschichte alle verfügbaren Energie- und Aktivitätsreserven bereit, die unser wertvolles Leben erhalten. Auch wenn es heutzutage nicht mehr in erster Linie gefährliche Tiere und überraschende Naturkatastrophen sind, so ist es doch immer noch gesund, auf die Bedrohung durch andere Menschen, Feuer, Wasser und vieles mehr reagieren zu können. Und dazu verändert der Körper zusätzlich in hohem Maße seine Sensibilität in Bezug auf innere und äußere Reize. Was das genau bedeutet und was da geschieht, zeigt zunächst die Beschreibung einzelner Symptome von Furcht und gleich im Anschluss daran, wie sich diese Symptome negativ im Fall von Angst bei der Prüfungsvorbereitung und der Prüfung selbst auswirken. Es sind dieselben Körpervorgänge, die jetzt zu seltsamen Beobachtungen führen. Sie werden mit entsprechenden Erfahrungen sicher so manches wiedererkennen. Vielleicht besteht der aktuelle Informationsgewinn darin, dass Sie sich die Phänomene endlich einmal erklären und als nächstes den Ursachen auf den Grund gehen können.

Hormone

Zunächst geschieht etwas, was Sie selbst direkt nicht bemerken können, aber als Grundlage bei Furcht und Angst in Ihrem Körper längst passiert ist: Die Hormone Adrenalin und Noradrenalin werden aus dem Nebennierenmark ausgeschüttet, um über das Blut die einzelnen Organe unseres Körpers zu beeinflussen. Alltagssprachlich beschreiben wir daher aufregende, spannende oder Angst machende Situationen gerne mit dem Stichwort „Adrenalinschub".

Aufmerksamkeit

In einer bedrohlichen Situation müssen Sie jede kleine Veränderung, die es gefährlicher machen könnte, und jeden noch so kleinen, möglichen Ausweg aus der Gefahr mitbekommen. Daher sind Ihre Sinne wachsam und geschärft. Sie haben alles im Blick und auch die Ohren sind hochempfindlich. Die gesamte Aufmerksamkeit wird der Umwelt zugewendet, um sie nach entsprechenden Hinweisen abzusuchen.

Was in der wirklichen Gefahrensituation sinnvoll ist, wirkt sich in einer Prüfungssituation mehr als ungünstig aus: Da Ihre Aufmerksamkeit so sehr auf die Umwelt gerichtet ist, nehmen Sie in einer mündlichen Prüfung vor allem das Verhalten der Prüfer*innen und in einer Klausur die anderen Prüflinge war. Ihnen entgeht nichts! Jeder Blick und jede gemachte schriftliche Notiz werden von Ihnen beobachtet und versucht zu deuten: „Was schreibt er jetzt wieder auf?". Oder Ihnen fällt in der Klausur auf, dass alle anderen längst schreiben. Und das Kritzeln der Stifte und Blättern der Seiten scheint so laut wie eine Baustelle vor dem Fenster, während Sie immer noch beim Lesen der Aufgabe sind. Da Sie so vieles derart detailliert registrieren, haben Sie nicht mehr genug Kapazitäten für die eigentliche intellektuelle Tätigkeit. Denn Sie sollen ja die Aufgabe bearbeiten und vor allem beantworten. Sie sehen daran deutlich die Gewichtung des Schutzmechanismus: Intellektuelle Tätigkeiten sind in Momenten der Gefahr absoluter Luxus und vor allem überflüssig, weil Diskussionen und Theorien uns im Notfall nicht retten würden.

Herz-Kreislaufsystem

Stellen Sie sich vor, dass Sie Weglaufen oder Kämpfen können sollen. Dazu muss der Körper ungewöhnlich stark aktiviert werden, was durch ein Ansteigen des Blutdrucks und einen schnellen Herzschlag erreicht wird. Das Herz „schlägt uns dann bis zum Hals". Und da in der Haut gerade das Blut unwichtig ist, weil es in den Muskeln benötigt wird, verengen sich die Blutgefäße an der Körperoberfläche. Dadurch wird die Haut blasser und wir werden „kreidebleich vor Angst".

Und das können die Folgen in einer Prüfungssituation sein: Sie bemerken den kräftigen Herzschlag und ein hoher Blutdruck kann ein Druckgefühl im Kopf bewirken. Das lenkt Sie ab und Sie denken vielleicht sogar schon darüber nach, warum Sie so sehr aufgeregt sind und warum sich die Aufregung nicht legt. Damit sind Sie mit allem Möglichen beschäftigt, nur nicht mit dem Finden der richtigen Antwort auf eine Prüfungsfrage.

Atmung

Ob jemand aufgeregt ist, können aufmerksame Beobachter*innen ganz leicht erkennen. Die Atmung wird deutlich schneller und flacher als im entspannten Zustand, schließlich soll ja das Blut mit möglichst viel Sauerstoff durchsetzt werden. Daher kennen manche Menschen das sog. Hyperventilieren in aufregenden Situationen, dessen Folge dann aber Schwindel oder Benommenheit sein können, weil der Körper indem Moment ja gar nicht so viel Sauerstoff verbrauchen kann, wie er zu sich nimmt. Und genau das Gegenteil kann auch passieren, wenn die Atmung ganz kurzzeitig sogar aussetzen kann. Das ist nicht ungewöhnlich, denn dafür gibt es schon lange die umgangssprachlichen Beschreibungen „mir bleibt die Luft weg" oder „mir stockt der Atem".

Tritt diese Atemsituation in einer Prüfung auf, dann ist das Sprechen deutlich erschwert. Selbst wenn im Kopf die Sätze klar formuliert sind, kommen sie nicht flüssig genug und nicht als zusammenhängendes Ganzes heraus. Ihr Gegenüber nimmt deutlich war, wie verunsichert Sie sind. Das verunsichert Sie selbst dann zusätzlich.

Schweißdrüsen

Wenn der Körper für mögliche Höchstleistungen hochgefahren wird, dann ist es gut, auch schon mal vorab für die Kühlung zu sorgen. Dies geschieht durch Schweiß auf der Haut. Das wirkt besonders eigenartig, wenn man eben gar nicht körperlich aktiv ist. Betroffen sind alle Hautbereiche, die eine hohe Anzahl an Schweißdrüsen aufweisen: die Handfläche, die Achseln und die Stirn. Daher hat man so feuchte

Hände, auf der Kleidung bilden sich die sichtbaren Flecken unter den Armen und auf der Stirn sammelt sich der „Angstschweiß".

Auch diese Angstsymptome sind deshalb so hinderlich, weil es alle sehen können, und dann kann es peinlich werden, weil man Ihnen die Angst ja anmerkt. Auch das verunsichert noch mehr und Sie sind wieder mehr mit sich beschäftigt und können sich kaum um eine Antwort kümmern. Bei der Begrüßung sind die feuchten Hände vielleicht unangenehm, aber spätestens bei praktischen Tätigkeiten und auch beim Schreiben kann es Sie richtig behindern, weil Sie nicht sicher zugreifen können.

Verdauungs- und Darmsystem

Im Notfall werden unsere vorhandenen Energiereserven mobilisiert, weil der Bedarf an Kalorien schließlich nicht durch direkte Nahrungsaufnahme gedeckt wird. Flucht oder Kampf – und dabei etwas essen? Natürlich geht das nicht. Essen verhindert der Körper am besten durch unterdrückten Hunger und Appetitlosigkeit. Und damit wir nicht doch auf falsche Gedanken kommen, kann das bis zur Übelkeit mit Erbrechen gehen. Zusätzlich wird die Verdauung gestoppt (dann liegt uns eine Sache „wie ein Stein im Magen") und der Speichelfluss eingeschränkt („mir bleibt die Spucke weg"). Damit uns auch sonst nichts Belastendes behindert, wird überflüssiger Ballast durch vermehrten Harndrang oder Stuhlentleerung ausgeschieden.

Wenn Angst Ihre Prüfungsvorbereitungen begleitet, dann fällt Ihnen wahrscheinlich auch das Essen schwer. Das ist deshalb ungünstig, weil für die kognitiven Leistungen unseres Gehirns Essen und Trinken nötig sind. Und Sie kennen vielleicht auch das Phänomen, dass Sie extra kurz vor Beginn der Prüfung schnell noch mal zur Toilette gehen, aber schon wenige Minuten danach das erneute Gefühl bekommen, Sie müssten schon wieder. Wenn dann noch die Zeit für einen weiteren Toilettengang ist, werden Sie feststellen, dass dies eigentlich überhaupt nicht notwendig war.

Diese ganze Palette von Symptomen soll nun gar nicht erst ausgelöst werden. Und die Symptome bleiben nur dann aus oder treten in viel geringerer Intensität auf, wenn weniger Angst empfunden wird. Deshalb lernen Sie jetzt die drei Säulen des Modells zum Abbau von Prüfungsängsten näher kennen.

1.6   Wie sind die einzelnen Kapitel aufgebaut?

Im nächsten Abschnitt erfahren Sie mehr über die **drei Säulen des Triadischen Modells gegen Prüfungsangst**. Die Säulen heißen „Positive Gedanken", „Lern- und Arbeitstechniken" und „Entspannung".

Hinter den einzelnen Säulen verbirgt sich Folgendes:

» Die Säule **Positive Gedanken**: Sie ist die psychologische Säule und es wird darum gehen, ungünstige Einstellungen, Haltungen oder Erwartungen, die die Ursache für die Auslösung von Gefühlen der Angst sind, zu bearbeiten. Dabei entstehen dann positive, unterstützende Gedanken, die Ihnen helfen werden, Ihre Ziele realistisch anzugehen und zu erreichen. Was sich genau dahinter verbirgt, erfahren Sie ausführlicher hier gleich im Anschluss im Abschnitt 2.1. Und in den einzelnen Kapiteln widmen Sie sich dann der eigentlichen Veränderung.

» Die Säule **Lern- und Arbeitstechniken**: Viele finden, dass dies eher eine technische Säule ist, denn der Begriff „Arbeitstechniken" suggeriert ja auch, dass es um die Anwendung klarer Fakten geht. Größtenteils stimmt das auch und interessanterweise schwingt dennoch bei aller Technik auch eine andere Einstellung zum Lernen mit. Dazu als Einführung mehr hier im Abschnitt 2.2. Und in den einzelnen Kapiteln werden Sie die nützlichsten Lern- und Arbeitstechniken kennenlernen können.

» Die Säule **Entspannung**: Entspannung ist die körperliche Säule und bedeutet, dass man auch von dieser Seite aus etwas gegen Prüfungsangst tun kann. Das funktioniert deshalb, weil sich Prüfungsangst zu einem großen Teil eben auch körperlich bemerkbar macht. Und diese körperlichen Phänomene können dann selbst auch wieder Auslöser für noch mehr Angst sein. Das wirksamste körperliche Instrument gegen Angst ist Entspannung, weil das eine mit dem anderen grundsätzlich nicht vereinbar ist. Näheres dazu finden Sie hier im Abschnitt 2.3. Und dann lernen Sie am Ende eines jeden Kapitels verschiedene Entspannungsmethoden kennen, um für sich eine passende auszuwählen.

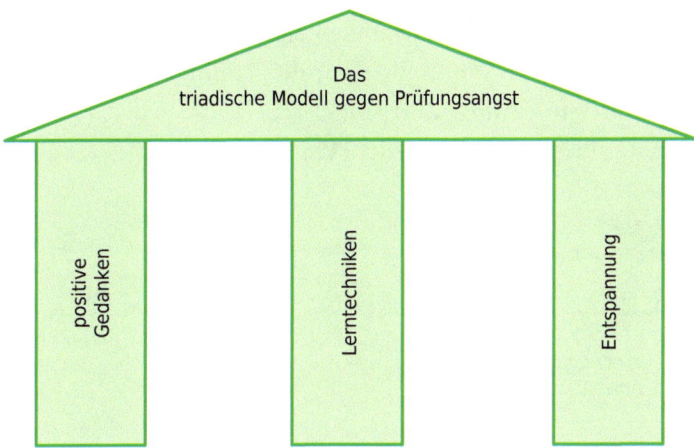

Abb. 1: Die drei Säulen des Triadischen Modells gegen Prüfungsangst

Prüfungsangst zu verschiedenen Zeiten

Wenn sich die Teilnehmer*innen in Kursen gegen Prüfungsangst beim ersten Treffen erst einmal kennenlernen und dabei auch erzählen, warum sie an dem Kurs teilnehmen, dann fällt auf der einen Seite die große Übereinstimmung bei der Beschreibung der Prüfungsangst und ihrer unmittelbaren körperlichen und psychischen Phänomene und Symptome auf. Auf der anderen Seite gibt es enorme Unterschiede, wann genau die Prüfungsangst auftritt. Da brauchen die einen nur in diesem Moment darüber sprechen, dann spüren sie schon eine Zunahme der Aufregung. Und so kennen sie es auch immer schon ab dem Moment, wo sie sich nur angemeldet und eigentlich noch viele Wochen Zeit haben. Andere berichten davon, wie sie sich eigentlich gut vorbereiten konnten und ganz zuversichtlich waren. Aber je näher der Termin rückte, kam doch immer mehr Aufregung hoch. Wieder andere berichten vor allem die furchtbare Erfahrung eines Blackouts mitten in der Prüfung. Und eine weitere Gruppe ist sich darüber einig, dass hinterher, wenn alles endlich vorbei ist, die Vorwürfe gegen sich selbst als mögliche Versager*in kein Ende nehmen. Daher betrachten wir in den einzelnen Treffen eines Kurses und entsprechend auch in diesem Buch genau diese vier Zeitpunkte:

» die mehrwöchige Vorbereitungsphase: **Zeitpunkt I**
» wenige Tage und unmittelbar vor der Prüfung: **Zeitpunkt II**
» während der Prüfung: **Zeitpunkt III**
» nach der Prüfung: **Zeitpunkt IV**

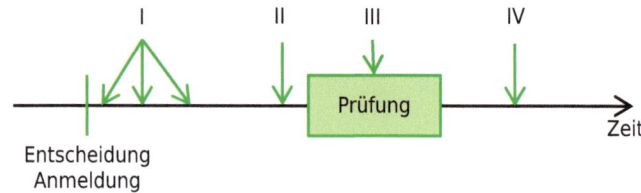

Abb. 2: Die Zeitskala mit den vier wichtigen Zeitpunkten

Auf dieser Zeitachse, die mit einer Entscheidung zur Prüfung, der An-meldung oder der Bekanntgabe des konkreten Prüfungstermins be-ginnt, und vor allem nicht mit der Prüfung selbst endet, finden Sie die vier Zeitpunkte wieder.

☺ Gut zu wissen!

Jedem der vier Zeitpunkte wird im zweiten Teil dieses Buches ein eigenes Kapitel gewidmet. Mit dem Prüfungsangst-Check am Ende dieser Einführung können Sie herausfinden, welcher der vier Zeitpunkte Ihr ganz persönlich kritischer Moment ist. So können Sie, nachdem Sie dieses einführende Kapitel gelesen ha-ben, gezielt in das entsprechende Kapitel springen und sich die-sem Zeitpunkt ganz intensiv widmen.

Wenn meine Kursteilnehmer*innen versuchen zu beschreiben, was und wie sie es erleben, wenn Prüfungsangst auftaucht, dann fällt auf, wie sehr sich die Beschreibungen ähneln, obwohl es sich doch um völlig unterschiedliche Menschen und Persönlichkeiten handelt. Warum es so viele Übereinstimmungen gibt, möchte ich Ihnen im Folgenden aufzeigen.

2 Das „Triadische Modell" gegen Prüfungsangst

Wer vom Tag nicht zwei Drittel für sich selbst hat, ist ein Sklave.

Friedrich Nietzsche

2.1 Die erste Säule: Positive Gedanken

Wenn wir über Prüfungsängste reden, dann beschreiben wir vor allem massive, unangenehme Gefühle, körperliche Reaktionen und deren störende Folgen für das Lernen und Arbeiten. Die Psychologie weiß inzwischen, dass solche Gefühle und die Körperphänomene nicht einfach von selbst da sind. Unser Gehirn benötigt einen deutlichen Hinweis, dass es eben genau das im jeweiligen Moment bewirken soll. Es ist damit nur eine ausführende Befehlszentrale. Und die Auftraggeber sind wir selbst – bewusst oder unbewusst.

2.1.1 Das A-B-C-Modell

Wie wir unsere Gefühle beeinflussen, hat der amerikanische Psychologe und Psychotherapeut Albert Ellis systematisch erforscht und beschrieben. Ellis lebte als Psychotherapeut in New York und entwickelte seine Theorie der Rational-Emotiven-Therapie (RET) aus seiner praktischen Tätigkeit heraus. In einer Metropole wie New York gehören das Benutzen von U-Bahn und Fahrstuhl sowie das Durchfahren von längeren Tunneln zum unausweichlichen Alltag. Dennoch kamen zu ihm Menschen, die eines davon (oder sogar alles!) nicht machen konnten, weil sie sich große Sorgen machten, was alles passieren könnte. Er fragte sich, wie es sein kann, dass jemand vor lauter Sorgen etwas so Alltägliches und Selbstverständliches vermeidet.

So stellte er sich eine kleine Gruppe von Menschen in einem Fahrstuhl vor, dessen Türen sich bereits geschlossen haben, sodass der Fahrstuhl sich in Bewegung setzen kann. Einige Passagier*innen stehen ruhig da und beobachten vielleicht die aufleuchtenden Zahlen, die das jeweilige Stockwerk nennen. Andere gucken eher verschämt nach unten. Ihnen scheinen die Enge und Nähe zu den wildfremden Menschen nicht so sehr zu behagen. Eine dritte Gruppe wirkt sichtlich nervös! Der Kopf und der Blick von einigen gehen hin und her. Und trotz der Enge stehen sie nicht still auf dem Fleck, sondern wackeln auf ihren Füßen herum. Sie haben vielleicht sogar schon etwas Schweiß auf der Stirn, atmen laut und wissen nicht wohin mit ihren Händen. Beim Aussteigen drängeln sie sich durch die anderen und wirken hektisch und gleichzeitig froh, als sie wieder ausgestiegen sind.

Warum aber nehmen diese Menschen den Fahrstuhl, der doch für alle gleich ist, so unterschiedlich wahr? Warum bewerten die einen diese Situation als unauffällig, andere dagegen aber als geradezu gefährlich? Und warum führt das alles bei einigen sogar zu einer Einstellung, die beispielsweise lauten könnte: „Ich benutze niemals Fahrstühle!"?

So hielt Ellis als Beobachtung fest: Für alle gleich ist die Situation. Diese bezeichnete er als „A", was als Abkürzung für den englischen Begriff „activating event", kurz **action** steht. Im Fahrstuhl zu fahren ist eine gegenwärtige, reale Situation. Doch für das Auslösen von Gefühlen muss das nicht immer gegeben sein. Es funktioniert nämlich auch, wenn man sich Dinge nur einbildet oder sich Situationen in Gedanken vorgestellt. So kann nämlich schon die bloße Vorstellung, man müsse mit dem Fahrstuhl fahren, entsprechende Angstgefühle bewirken. Daher gehört auch die gedankliche Vorstellung einer Situation mit zum „A".

Wie es jeder*m in dieser Situation geht oder wie man sich daraufhin verhält, kann sehr unterschiedlich sein. Dies bezeichnete Ellis als „C". Es ist die Abkürzung für das englische Wort **consequences** und kann gut als „Konsequenzen" übersetzt werden. Und das, was nun in jeder*m Einzelnen vor sich geht, muss zwischen A und C liegen und so entstand ein erstes Schaubild mit einem großen Fragezeichen in der Mitte:

Abb. 3: Wie hängen Situation und Konsequenzen zusammen?

Ellis hat nun bei seinen Patient*innen sehr genau hingehört, was und wie sie die unangenehme Situation beschreiben, und bekam natürlich sehr unterschiedliche Antworten. Es waren bestimmt auch folgende Beschreibungen dabei:

» „Ich dachte nur: Was ist, wenn wir jetzt stecken bleiben?!"

» „Ich stellte mir vor, dass noch ein weiterer Fahrgast dann einfach zu schwer ist, und der Fahrstuhl nicht mehr einwandfrei funktioniert."

» „Kaum war die Tür zu, da schoss es mir durch den Kopf: Wenn jetzt die Seile reißen und wir alle abstürzen!"

Vielleicht fällt Ihnen bei den Beschreibungen auch auf, dass alle sich so ihre Gedanken machen oder sich vor ihrem geistigen Auge etwas vorstellen und sich dabei etwas Schreckliches ausmalen. Das spielt sich also alles in deren Köpfen und damit nur in der Fantasie ab. Denn etwas wirklich Gefährliches war ja bisher noch gar nicht passiert. Und auch keine ersten, ernst zu nehmenden Hinweise, mit denen sich etwas Gefährliches ankündigt. Und trotzdem ging es einigen sehr schlecht und sie hatten wirklich panische Zustände.

Es wäre nun etwas zu kurz gegriffen, wenn man feststellt, dass es also die Gedanken sind, die uns angenehme oder unangenehme Gefühle machen. Da wir ja durchaus auch nur so als Spaß das Steckenbleiben in einem Fahrstuhl beschreiben könnten, ohne gleich Angst zu bekommen. Es reicht demnach nicht jeder beliebige Gedanke, um unangenehme Gefühle auszulösen. Gedanken müssen auf unsere bisherige Entwicklung, auf Prägungen und Erfahrungen aufbauen können, um eine solche Wirkung zu haben. Um dieser Tatsache gerecht zu werden, bezeichnete Ellis das fehlende Element zwischen A und C als „belief

system", oder kurz „beliefs", und konnte damit sein Schema vervoll-
ständigen. Ihm ist damit ganz nebenbei eine eingängige Bezeichnung
für einen komplizierten Vorgang gelungen: das ABC-Modell.

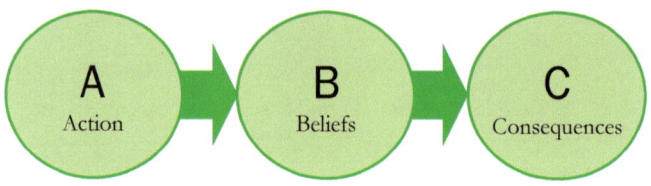

Abb. 4: Der Zusammenhang zwischen der Situation und den Konsequenzen

Man könnte den Begriff **beliefs** nun ganz direkt als „Glauben" über-
setzen. Aber erst der für deutsche Übersetzungen gefundene Begriff
„Glaubensüberzeugungen" drückt es passend aus: Hier wird einerseits
nur etwas geglaubt, was gerade überhaupt nicht mit der Realität über-
einstimmen muss. Doch dieser Glaube ist andererseits so stark, dass
die Person absolut davon überzeugt ist. Daher kann es nicht funktionieren, wenn die Nicht-Ängstlichen am Ende der Fahrstuhlfahrt beim
Aussteigen darauf hinweisen, dass doch alles ganz einwandfrei funktioniert hätte. Denn aufgrund der Glaubensüberzeugung hält eine
Ängstliche*r an der gefährlichen Idee fest und die betroffene Person
antwortet konsequenter Weise so etwas wie: „Ja, dieses Mal hatten wir
Glück. Aber nächstes Mal passiert bestimmt etwas!" Oder: „Wir sind
zwar nicht stecken geblieben, aber hast du auch gemerkt, wie der
Fahrstuhl gerumpelt hat, seitdem der letzte Mensch eingestiegen war?
Noch einer, und es wäre wirklich zu viel gewesen!"

☺ Gut zu wissen!

Ellis' Theorie zur Entstehung und Aufrechterhaltung von Ängsten könnte man folgendermaßen kurz zusammenfassen:

Die Grundannahme der Rational-Emotiven-Verhaltenstherapie
ist, dass irrationales und unlogisches Denken zu psychisch auf-
fälligen Phänomenen führt.

Da jedes Denken grundsätzlich erlernt ist, gilt dies auch für rationales und logisches Denken, sodass jeder Mensch dies erlernen kann, um damit letztendlich seine aktuelle, psychisch belastende Situation zu verändern.

Einsicht: (nur) der erste Weg zur Besserung

Stellen Sie sich doch bitte einmal vor, Sie sprechen eine Sprache nicht, z.B. Vietnamesisch. Würde man Sie nun in der entlegensten Provinz von Vietnam mit einem Hubschrauber absetzen, dann könnten Sie schnell zu der Einsicht kommen, dass Sie tatsächlich kein einziges Wort Vietnamesisch können. Vielleicht eine wichtige Erkenntnis, aber nur allein dadurch werden Sie es nicht plötzlich sprechen können. Die Erkenntnis kann nun aber dazu führen, dass Sie sich erkundigen, ob Sie einen Sprachkurs machen können oder ob vor Ort eine Dolmetscher*in zur Verfügung steht. Sie sehen, jetzt hat die Einsicht umsetzbare Konsequenzen, indem Sie die unbekannte Sprache lernen. Aus der Einsicht muss also eine Verhaltensänderung folgen.

Wenn wir das ABC-Modell hilfreich anwenden wollen, dann ist der erste Schritt die Einsicht, dass die „beliefs" gefunden werden müssen. Das ist nämlich nicht selbstverständlich, da es eine menschlich typische, spontane Reaktion ist, einen direkten A-C-Zusammenhang herzustellen. Ein Ereignis wird damit ganz direkt als Ursache für die Konsequenzen angesehen. Diese Erklärung bezeichnen wir deshalb auch als „Ursache-Wirkung-Erklärung" oder als „kausalen Zusammenhang". Um etwas insgesamt zu verändern, könnte man dann aber auch nur an diesen zwei Elementen ansetzen. Und genau das tun die meisten Menschen auch. So versuchen sie die Situation A zu optimieren. Im Fahrstuhlbeispiel kann dies sein, dass man nur dann einsteigt, wenn keine weitere Person mitfährt. Oder man benutzt nur ganz neue Fahrstühle, die über eine Gegensprechanlage für den Notfall verfügen. Statt zu optimieren, bietet sich noch eine ganz ungünstige Lösung an: Vermeidung von A. Wenn ich mich der Situation nicht aussetze, dann werde ich auch keine Angst bekommen. Statt mit dem Fahrstuhl zu fahren bietet sich da nur die Treppe an.

Stellen Sie sich das bitte mal bei den vielen Wolkenkratzern in New York vor. Da müssten Sie aber ewig laufen. Eine andere Variante wird auch versucht, indem man sich dem C, also den Konsequenzen widmet. So könnte man ein Medikament nehmen, welches die Angstgefühle dämpft. Dann ist es wenigstens nicht so schlimm und man kann trotzdem den Fahrstuhl benutzen. Nachteilig daran ist, dass ohne die künstliche Substanz ein alltägliches Leben nicht möglich ist. Denn sobald man das Medikament weglässt, kommen die Angstgefühle wieder, weil sich die negativen Gedanken nicht verändert haben.

Ellis betont nun, dass die Situation A nur der jeweilige Anlass ist und als einzige Ursache für das C die Gedanken, also das B, angesehen werden können. Und daher ging er mit seinen Patient*innen auf die Suche nach einem B-C-Zusammenhang. Dies gelang ihm beispielsweise mit der sehr ungewöhnlich erscheinenden Frage: „Wie machst du dieses Gefühl?" Etwas klarer, worauf er hinaus möchte, erkennt man bei anderen Frageformulierungen: „Was genau waren deine Gedanken, als du darüber nachgedacht hast, was dir bevorsteht?" Oder: „Woran musst du denken und es dir in deiner Fantasie ausmalen, damit du jetzt schon ein unangenehmes Gefühl bekommst?"

Und für das B wurden inzwischen viele deutsche Begriffe gefunden, um es einem ängstlichen Menschen zu erleichtern, die persönlichen Auslöser der unangenehmen Gefühle zu finden. Hilfreiche andere Begriffe für das von Ellis benannte **belief system** sind:

» Glaubensüberzeugungen,
» negative Gedanken,
» Haltungen,
» Einschätzungen,
» Bewertungen,
» Einstellungen,
» Interpretationen,
» Selbstverbalisationen,
» die innere Stimme und
» Aussagen über sich selbst.

2.1.2   Das A-B-C-Modell bei Prüfungsangst

Auch in Bezug auf Prüfungen zeigen Menschen sehr unterschiedliche Gefühle, obwohl das A, also die Prüfung, die Prüfer*in oder der Raum, eigentlich für alle gleich ist. Es sei denn, würde Ellis jetzt anmerken, man bewertet diese Dinge unterschiedlich – dann müssen folgerichtig verschiedene Empfindungen dabei entstehen. So finden verschiedene Menschen beispielsweise einzelne Themenbereiche eines Faches unterschiedlich interessant, langweilig oder schwer. Und nicht alle mögen jede Prüfer*in gleichermaßen, da die Chemie zwischen beiden durchaus eine Rolle spielen kann. Selbst einen Raum, die Tageszeit, das Wetter kann man unterschiedlich wahrnehmen und solche Rahmenbedingungen eher als neutral, hilfreich oder störend empfinden. Dies sind nur ein paar beschriebene Unterschiede, und dennoch können Sie sich darin vielleicht schon wiederfinden oder sich auf jeden Fall vorstellen, dass diese Unterschiede zu verschiedenen Gefühlen führen können.

Viele Prüflinge versuchen mangels Wissens, wie Prüfungsangst entsteht und verändert werden kann, intuitiv die Situation A zu optimieren. Das sieht dann so aus, dass man sich eine besonders nette Prüfer*in sucht, möglichst ein Lieblingsthema in der Prüfung behandeln darf, den Termin mit irgendeiner Begründung „besonders günstig" legt und hoffentlich gleich morgens als Erste*r drankommt oder besser doch als Letzte*r, wenn die Prüfer*in schon müde ist und nicht mehr so genau hinhört. Alle diese Faktoren mögen ja die Prüfung beeinflussen, aber eine Prüfungsangst bekommen Sie damit nicht in den Griff, weil die negativen Gedanken und Bewertungen weiterhin da sind. Und wenn die Prüfung jetzt trotz dieser günstig gewählten Rahmenbedingungen nicht so gut läuft, ist es doppelt schlimm – dann verfolgen einen pessimistische, negative Gedanken, beispielsweise „Jetzt hab ich doch schon den netten Prüfer und mein Lieblingsthema, und kriege trotzdem kaum einen vernünftigen Satz heraus. Das kann ja nie was werden!"

☺ Gut zu wissen!

Auch in Bezug auf Prüfungsangst soll nicht länger mit alten Denkmustern beurteilt und entsprechend negativ reagiert werden. Stattdessen sollen neue, nützliche, d.h. mich und mein Vorhaben unterstützende Denkmuster zur Gewohnheit werden. Auch bei Prüfungsangst ist es also die Aufgabe, die negativen Gedanken und Bewertungen, die zu den verschiedensten Zeitpunkten der Prüfung auftauchen, aufzudecken und zu bearbeiten.

Für gewohnte Denkmuster gibt es sogar auf der neuronalen Ebene des Gehirns eine Parallele. Reysen-Kostudis (2007) fasst diesen Prozess sehr gut zusammen, wenn sie schreibt „Viele Gewohnheiten beruhen auf routinierten Handlungen, die sich als erfolgreich herausgestellt haben und daher bewusst übernommen werden. Manchmal schleichen sich jedoch auch Gewohnheiten ein. Dann handeln wir intuitiv so, wie es uns ratsam erscheint, ohne lange darüber nachzudenken. Neurobiologisch sind Gewohnheiten Nervenverbindungen, die durch häufige Benutzung ausgebaut wurden. Denk- oder Handlungsprozesse laufen dadurch auf diesen Bahnen relativ schnell, aber auch recht unüberprüft ab."

Auch bei Prüfungsangst ist es also die Aufgabe, solche automatisierten und ungeprüft auftauchenden negativen Gedanken und Bewertungen – also die „Bs" – aufzudecken und zu bearbeiten. Ich will Ihnen nun zeigen, wie Sie dazu grundsätzlich am besten vorgehen. In den einzelnen Kapiteln wird dieses Vorgehen dann genau auf den jeweiligen Zeitpunkt übertragen.

Schritt 1 | Aufdecken der persönlichen negativen Gedanken und Bewertungen

Der erste Schritt besteht darin, die negativen Gedanken, aus denen die alten Denkmuster bestehen, zu finden und festzuhalten. Da sich diese ja in Ihrem Kopf befinden, können nur Sie diese wirklich kennen.

Wir denken, wie wir sprechen. Daher bestehen Gedanken aus wörtlicher Rede, sind also eine Art Selbstgespräch. In Bezug auf Prüfungen sehen diese Gedanken beispielsweise so aus:

» „Oh, noch so viel! Das schaff ich alles gar nicht!"

» „Mir ist jetzt schon ganz schlecht. Wenn das so weitergeht, geh ich nicht hin."

» „Bin ich denn blöd, oder was? Wieso kapier ich das denn nicht!"

Ich möchte Ihnen für das Auffinden Ihrer Gedanken und Bewertungen, die letztendlich zu dem Gefühl Prüfungsangst führen, etwas Hilfreiches anbieten. Ellis hat nämlich ein paar Regelmäßigkeiten festgestellt. Er fand heraus, dass vor allem Gedanken, die einem ganz bestimmten Muster folgen, in der Lage sind, besonders unangenehme Gefühle zu erzeugen. Peurifoy (1993) hat aus den Beschreibungen insgesamt acht grundlegende Muster abgeleitet und beschreibt diese folgendermaßen:

Soll/Muss-Denken

Wenn man behauptet, dass man Dinge machen soll oder machen muss, dann suggeriert es vor allem, dass andere Menschen oder die Rahmenbedingungen uns dazu zwingen. Verloren geht dann die Tatsache, dass wir diese Dinge vielleicht selbst so wollten und uns irgendwann dafür entschieden haben. Besonders den unangenehmen oder anstrengenden Dingen wird man dann aber nicht mehr gerecht. Versuchen Sie daher, Ihren Handlungen eine selbstbestimmte, aktive Note zu verleihen. Dies gelingt durch die Formulierungen „Ich möchte gern..." und „Ich will..." oder „Ich habe mich dafür entschieden...".

Unzulässige Verallgemeinerungen

Bei diesem Denkmuster wird ein einzelnes negatives Ereignis als eine Sammlung von unendlich vielen Misserfolgen gesehen, weil die Erfahrung entsprechend verallgemeinert wird. In unserer Sprache ist ein Hinweis darauf das Benutzen von Wörtern wie „immer", „jedes Mal" oder „niemals". Fragen Sie sich stattdessen besser, was eigentlich bisher rein objektiv passiert ist. Die positive Umkehrung dieses

Denkmusters drückt dann die optimistische Einstellung aus „So ist es heute – beim nächsten Mal kann es ganz anders sein".

Über- und Untertreibung

Dieses negative Denkmuster funktioniert in zwei Richtungen: Die Fähigkeiten der anderen und die eigenen Fehler oder persönlichen Einschränkungen werden übertrieben. Untertrieben werden gleichzeitig die eigenen guten Leistungen und Fähigkeiten. Passend dazu werden die Fehler der anderen minimiert. Der rationale Blick auf sich selbst steckt dagegen in der Frage „Was kann ich wirklich gut oder schlecht?"

Übernahme von Verantwortung

Tagtäglich ist man eigentlich für eine ganze Menge Dinge verantwortlich – für das, was positiv gelaufen ist, vielleicht genauso wie für vieles, was nicht so gut lief. Bei diesem ungünstigen Denkmuster übernimmt man die Verantwortung allerdings nur für die negativen Ereignisse, selbst dann, wenn es dafür keinen rationalen Grund gibt. Damit verbunden sind häufig starke Schuldgefühle. Die Veränderung dieses Denkmusters geschieht durch die Überlegungen, was alles außer Ihnen noch zu diesem Ergebnis geführt haben kann. Automatisch erweitert sich so Ihr Horizont für möglichst viele Komponenten, die ein Ereignis in die eine oder andere Richtung beeinflussen.

Gedankenlesen

Menschen an sich ist es schon wichtig, was andere über sie denken. Daher sind wir in der Lage zu überlegen, was andere wohl für Gedanken und Gefühle bezogen auf unsere Person haben. Und so versuchen wir Bemerkungen und Reaktionen unserer Mitmenschen zu deuten. Ein irrationales Denkmuster wird daraus, wenn wir es bei der eigenen Deutung belassen und aufgrund dieser Vermutungen sogar unser Verhalten ausrichten. Überlegen Sie stattdessen besser, welche Beobachtungen Ihre Vermutungen stützen oder ob es nicht auch noch andere Erklärungen geben kann.

Wahrsagerei

Natürlich machen wir uns immer auch Gedanken dazu, wie Dinge sich wohl entwickeln werden oder wie eine Sache ausgehen wird. Zu einem nachteiligen Denkmuster wird es dann, wenn man davon ausgeht, dass es tatsächlich so sein wird, wie man vermutet. Sie schauen also in die Glaskugel und sagen Ihre Zukunft voraus. Stattdessen sollten Sie sich bewusst machen, wie groß die Wahrscheinlichkeit ist, dass Ihre Vorhersage tatsächlich zutreffen wird.

Anerkennung fragwürdiger Autoritäten

Wenn Sie von Ihren Prüfungserfahrungen oder Ihrer Prüfungsangst berichten, geben andere sicherlich ihre Meinung dazu. Wenn Sie deren Ratschläge übernehmen, ohne die Kompetenzen und Erfahrungen geprüft zu haben, besteht die Gefahr, selbsternannte Autoritäten anzuerkennen. Dieses Muster unterbrechen Sie durch die Überlegung, aufgrund welcher Erfahrungen die betreffende Person als seriöse Expert*in gelten darf.

Emotionale Argumentation

Was der Bauch Ihnen sagt, darf durchaus eine Rolle spielen. Er sollte aber selten das einzige Argument bleiben. Beziehen Sie daher außer Ihren Gefühlen immer auch andere Dinge in Ihre Argumentation mit ein. Da gibt es vielleicht noch einiges mehr zu berücksichtigen.

Haben Sie sich in diesen Mustern an der einen oder anderen Stelle vielleicht schon wiedererkannt? Wenn Sie später in den einzelnen Kapiteln damit beschäftigt sein werden, Ihre eigenen Angst auslösenden Gedanken zu finden, dann können Sie sich an diesen typischen Mustern orientieren. Wenn Sie also selbst keine Idee haben, was Ihnen im Zusammenhang mit Prüfungen alles so durch den Kopf geht, dann können Sie als Suchhilfe die Kategorien benutzen. Sie können dann beispielsweise überlegen, ob Sie vielleicht auch übertreiben. Das entspricht dem Muster „Über- und Untertreibung". Oder vielleicht erkennen Sie häufiger äußerst „fragwürdige Autoritäten" an?

Schritt 2 | Bearbeiten und Verändern der negativen Gedanken und Bewertungen

Auch wenn wir als Mensch sehr viel über uns nachdenken und reflektieren können, sodass es vielleicht gar nicht mal so schwer ist, die auslösenden negativen Gedanken zu finden, dann stoßen wir schon an unsere natürlichen Grenzen, wenn es darum geht, diese auch zu verändern. Ich möchte Ihnen daher erklären, wie das geht, damit Sie selbst den nächsten wichtigen Schritt, das Bearbeiten und Verändern angehen können.

Sicher kennen Sie aus Ihrem unmittelbaren sozialen Umfeld, das sich aus Ihrer Familie, Ihrer Partnerschaft und Ihren Freund*innen zusammensetzt, zahlreiche Versuche, Sie im Zusammenhang mit Ihren Prüfungen zu unterstützen. Das geschieht meistens und vor allem durch gutes Zureden. „Ach, komm, du schaffst das schon!" „In der Schule hast du auch alles so gut gemacht. Du wirst sehen, das klappt schon!" „So aufgeregt bist du doch immer vorher und am Ende kommst du mit einer guten Zensur nach Hause. Warum vertraust du nicht einfach auf deine Fähigkeiten?!" Sie selbst haben dann vielleicht gedacht, dass die anderen Sie gar nicht wirklich kennen und nicht nachvollziehen können, wie es in Ihrem Innern aussieht. Auf jeden Fall konnten Sie den guten Willen sicher erkennen, fühlten sich aber trotzdem eher missverstanden und vor allem den Ängsten weiterhin ausgeliefert, weil diese Äußerungen Ihre eigenen Gedanken nicht verändert haben.

Um nun negative Gedanken in positive, unterstützende Gedanken zu verändern, müssen bestimmte Bedingungen erfüllt sein. Ellis hat festgestellt, dass neue, unterstützende Gedanken nur dann hilfreich sein können, wenn sie zunächst genau dasselbe Thema wie die Ängste und Zweifel ansprechen. Habe ich etwa Angst davor, rot zu werden, dann muss ich genau auf das Thema „Rotwerden" eingehen. Das geschieht beispielsweise durch die Bemerkung „Durch die Anspannung haben viele eine kräftigere Hautfarbe. Es zeigt, dass ich mich anstrenge und arbeite." Ein ganz anderer Hinweis, beispielsweise dass ich ein gut ausgearbeitetes Konzept hätte, hat inhaltlich damit nichts zu tun und hilft demnach auch nicht. Daher heißt die erste Regel: „Gleicher Inhalt".

Ein weiteres wichtiges Element der unterstützenden Gedanken ist die Wortwahl. Wenn andere mir etwas Hilfreiches sagen wollen, dann benutzen sie natürlich ihren Wortschatz. Das können dann aber Formulierungen sein, die ich gar nicht benutze und die mein Gehirn zwar verstehen kann, aber nicht wirklich als eigene Gedanken erkennt. Daher heißt die zweite Regel: „Eigene Worte".

Interessanterweise kann unser Gehirn „Nicht-Anweisungen" nicht verstehen. Es funktioniert nämlich viel direkter und reduziert eine Aussage auf das Wesentliche. Bei der Aussage „Sei doch nicht so ängstlich!" erkennt es das Thema Angst und beschäftigt sich genau damit. Würde man dagegen formulieren „Sei ein wenig entspannter!", so erkennt das Gehirn in dieser Aussage das Thema „Entspannung". Sie sehen, allein aufgrund der Formulierung gebe ich dem Gehirn vor, womit es sich überwiegend beschäftigen wird. Daher heißt die dritte Regel: „Positive Formulierung".

Die positive Formulierung hat noch einen anderen günstigen Nebeneffekt: Man zwingt sich selbst, darüber nachzudenken, was denn anstelle eines negativen Ereignisses sein soll. Da könnte man sich ja eigentlich viel wünschen. Statt Angst vor der Prüfung zu haben, wäre eine positive Formulierung „Ich bin total selbstbewusst und locker". Natürlich können Sie sich so eine Aussage selbst gar nicht glauben, weil sie ganz nebenbei nämlich auch eine enorme Übertreibung bedeutet und damit vollkommen unrealistisch ist. Daraus lässt sich die letzte Regel ableiten, dass neue unterstützende Gedanken also realistisch sein müssen. Daher heißt die vierte Regel: „Realistische Einschätzung".

Damit stehen vier Regeln fest, die gelten müssen, damit ein neuer Gedanke auch wirklich hilfreich und unterstützend sein kann. Diese Regeln werden Sie in den einzelnen Kapiteln wiederfinden und dort anwenden, um Ihre Angst auslösenden Gedanken zu verändern. Da finden Sie dann auch viele Beispiele, die Ihnen beim Umformulieren behilflich sein werden.

Abschließend noch einmal die vier Regeln in einem Kasten, der an den entsprechenden Stellen immer wieder auftauchen wird:

☺ Gut zu wissen!

Regeln zur Umformulierung:

[1] Gleicher Inhalt

[2] Eigene Worte

[3] Positive Formulierung

[4] Realistische Einschätzung

Schritt 3 | Anlegen von Karteikarten

Als Material brauchen Sie später für diesen Schritt Karteikarten, am besten in der Größe DIN-A6. Schreiben Sie jeden Ihrer negativen Gedanken auf eine eigene Karteikarte. Das wäre erst einmal nur die reine Sammlung. Als deutliches Zeichen, wohin es damit aber noch gehen soll, ergänzen Sie die Notiz durch den Satz: „Stopp! Ich will anders darüber nachdenken!" Dies ist wie eine Aufforderung aufzufassen, die Karte umzudrehen. Und auf der anderen Seite halten Sie die neue, nach den vier Regeln erstellte Umformulierung fest, die Sie zukünftig leiten soll. Lernen Sie aber nun erst einmal die weiteren Säulen kennen.

2.2   Die zweite Säule: Lerntechniken

Lernen ist ein aktiver Prozess

Wie Lernen am besten funktioniert, kennen wir alle aus der Werbung, die irgendwie hängen bleibt, obwohl man meint, sich dafür gar nicht interessiert zu haben. Fernsehwerbung bietet uns nämlich bei uns zuhause, während wir gemütlich in unserem Lieblingssessel sitzen, in entspannter, vertrauter Atmosphäre kleine Portionen. Sie spricht dabei mehrere Sinne an und wiederholt sich in zeitlichen Abständen. Kein Wunder, dass so etwas hängen bleibt!

Doch Aufnehmen und Behalten ist nicht dasselbe wie das Wissen abzurufen und eigenständig wiedergeben zu können. Dinge wiederzuerkennen ist relativ leicht für das Gehirn und beweist schließlich, dass man es doch irgendwie schon mal gesehen hat. Bei Sprachen etwa versuchen wir genau diesem relevanten Unterschied durch die Bezeichnungen „Passiver Wortschatz" und „Aktiver Wortschatz" gerecht zu werden. Die Bezeichnungen drücken sehr schön aus, dass wir mehr wissen als wir eigentlich verwenden. Deshalb verstehen Sie zum Glück auch solche Wörter, die Sie selbst nie benutzen würden. Doch das ist ja für eine Prüfung zu wenig. Wenn die Prüfer*in Ihnen erst die Antwort selbst geben müsste, damit Sie es grob wiedererkennen, dann ist das eben nicht ein aktives Reproduzieren von Wissen. Genau das wird aber von Ihnen in einer Prüfung erwartet.

Daher ist Lernen insgesamt ein viel aktiverer Prozess als uns das Werbungsbeispiel suggeriert. Etwas zu behalten ist natürlich der erste wichtige Teil. In vielen Bereichen des Alltags würde uns das genügen. Für die Hochschule kommt nun noch dazu, das Wissen zu benutzen. Damit übt das Gehirn das erneute Auffinden der gespeicherten Informationen, probiert, es mit anderen Dingen zu verknüpfen, stellt vielleicht Gemeinsamkeiten und Unterschiede fest und vor allem, welche gespeicherten Informationen gerade mehr gebraucht werden als die vielen anderen noch vorhandenen. Sie können für das Lernen förderliche Bedingungen schaffen. Dazu gehört viel mehr als eine ruhige Atmosphäre und Zeit. Was es alles zu beachten gibt und wie Sie Ihr Gehirn richtig benutzen, dass verbirgt sich hinter dem Begriff „Lerntechniken". In jedem der vier Hauptkapitel finden Sie ein Stichwort, hinter dem sich viele praktische Tipps verbergen. Dies sind im 2. Teil:

- » in Kapitel 1: **Zeit, Zeiteinteilung und Zeitmanagement**
- » in Kapitel 2: **Motivation**
- » in Kapitel 3: **Gedächtnis und Lernhilfen**
- » in Kapitel 4: **Arbeitsplatz**

Mit dem **Prüfungsangst-Check** am Ende dieser Einleitung finden Sie heraus, zu welchem Zeitpunkt die Prüfungsangst bei Ihnen am stärksten ist. Jedem einzelnen Zeitpunkt ist dann ein eigenes Kapitel gewidmet, welches Sie ausführlicher bearbeiten und daher eine der Lerntechniken näher kennenlernen werden. Um darüber hinaus auch etwas von den übrigen Lerntechniken zu erfahren, können Sie gern noch in allen anderen Kapiteln stöbern, denn dann können Sie Ihr Lernverhalten richtig optimieren. Sollten Sie an der einen oder anderen Stelle feststellen, dass Sie einen Hinweis bereits umsetzen, dann nehmen Sie es natürlich als Bestätigung, dass Sie diesen Teil der Lerntechniken schon anwenden. Schauen Sie dann erst recht noch in die anderen Kapitel und gehen auf die Suche nach weiteren hilfreichen Hinweisen, die Sie vielleicht noch nicht kennen.

2.3   Die dritte Säule: Entspannung

Zur Angst scheint es zu gehören, dass sie genauso wie Stress und Sorgen ein angespanntes, angestrengtes und fast schon verkrampftes Gefühl im ganzen Körper erzeugt. Das ist das absolute Gegenteil einer Entspannung. Genauso verhalten sich diese beiden Zustände auch zueinander: Wenn der eine Zustand da ist, kann der andere nicht auch noch vorhanden sein. Das kann ausgenutzt werden, indem einem angespannten Körper durch gezieltes Verhalten eine Entspannung angeboten wird.

Das funktioniert aus folgendem Grund: Weil die Angstsymptome vollkommen vom **Autonomen Nervensystem** gesteuert werden – und der Name sagt deutlich, dass dieser Vorgang eigenständig (autonom) und nicht dem Bewusstsein zugänglich sein soll – muss dieses Nervensystem ganz gezielt und direkt angesprochen werden. Entspannungsübungen sprechen mithilfe einer direkten körperlichen Sprache das Autonome Nervensystem an und bieten ihm einen alternativen Zustand an. Dieser Sprache ist es durchaus zugänglich. Nun muss es abwägen, welchen der Körperzustände es aufrechterhalten will. Da es in diesem Moment weniger Hinweise auf eine beängstigende Situation und dafür mehr angenehm entspannende, körperliche Informationen signalisiert bekommt, lässt es sich überzeugen, den entspannten Zustand auszubauen.

Übrigens: Dieser Mechanismus funktioniert auch mit Essen, weil Nahrungsaufnahme dieselben physiologischen Mechanismen wie Entspannung im Autonomen Nervensystem auslöst. Deshalb steigt bei vielen unter Stress der Konsum von sogenannter **Nervennahrung**.

Doch nicht die Nahrung, sondern der Vorgang der Nahrungsaufnahme selbst löst die Mechanismen aus, die einer Angst entgegenwirken. Daher ist es vielleicht nicht gerade die gesündeste Variante der Angstreduktion. Greifen Sie lieber auf Dauer auf Entspannungsübungen zurück, weil sich dadurch die Anspannung im Körper löst, Atmung und Herz ruhiger werden, die Durchblutung angeregt wird und Stresshormone abgebaut werden.

In jedem der vier Kapitel mit den verschiedenen Zeitpunkten finden Sie eine leicht zu erlernende Entspannungsübung. Wenn die in Ihrem Kapitel beschriebene Übung nicht so gut funktioniert oder Sie sie nicht mögen, dann blättern Sie ruhig in den übrigen Kapiteln und probieren die dortige Übung aus. Folgende unterschiedlichen Übungen können Sie im 2. Teil dieses Buches kennenlernen:

» Kapitel 1: **Atem-Zähl-Übung**
» Kapitel 2: **Kurzform Progressive Muskelentspannung**
» Kapitel 3: **Ein-Ruhe-Atmung**
» Kapitel 4: **Ein wunderbarer Ort**

Wenn Sie eine Übung der Beschreibung nach durchführen, werden Sie unmittelbar einen ersten Erfolg verspüren. Doch erst bei regelmäßigem Durchführen (mindestens einmal täglich) stellt die Entspannung einen Ausgleich für Stress und Anstrengungen dar. Finden Sie eine für sich angenehme, passende Übung und wenden Sie diese dann regelmäßig an.

Sie können gern die bewährten Übungen ausprobieren und vielleicht eine schöne, neue Art der Entspannung kennenlernen. Das brauchen Sie vor allem, wenn Sie bisher keine gezielte Entspannungstechnik kennen. Wenn Sie bereits so etwas wie **Autogenes Training** oder **Yoga** können, aber in letzter Zeit nicht mehr praktiziert haben, dann reaktivieren Sie Ihr Können. Der Vorteil ist nämlich, dass Ihr Körper die jeweilige Technik bereits kennt und quasi weiß, was das zu bedeuten hat: Ich soll und darf mich entspannen. Da brauchen Sie für Ihre Yogaübungen nur die Matte auf der Erde ausrollen und sich hinlegen – schon erinnert sich Ihr Gehirn, dass jetzt eine angenehme, ruhige und entspannende Zeit beginnt.

Das hat es nämlich im Laufe mehrerer Durchgänge so abgespeichert. Und so beginnt eine erste Entspannung schon beim Hinlegen. Bei jedem neuen Entspannungsverfahren muss erst eine solche feste Verknüpfung zwischen dem, was man tut und der Tatsache, dass das Entspannung bedeutet, hergestellt werden. Bevor Sie dafür zusätzliche Zeit verwenden, können Sie besser Ihre altbewährte Methode wieder aufgreifen.

Auch wenn Sie **Sport** als wunderbaren Ausgleich zur geistigen Arbeit kennen, dann behalten Sie das als Methode bei. Sie brauchen dann keinen neuen Ausgleich und können ruhig die notwendige Zeit in Ihren Sport investieren. Machen Sie sich keine Sorgen, dass diese Zeit von Ihrer Lernzeit abgeht, denn der Sport und die Entspannung machen Sie ja gerade wieder fit für das Lernen. Und damit ist diese Zeit äußerst sinnvoll investiert.

Eine Entspannungsübung können Sie natürlich trotzdem noch lernen, wenn Sie es als eine kleine Erfrischung für Zwischendurch haben wollen, also immer dann, wenn keine Zeit für Sport ist oder Sie unterwegs oder in der Bibliothek sind, und auch dort einen kleinen Ausgleich zum Lernen haben möchten.

Wie Sie Entspannungsübungen am besten durchführen

Alle verschiedenen Übungen sind so gedacht, dass Sie sie fast an jedem Ort nutzen können. Die Grundhaltung ist immer im Sitzen und passt damit als kleine Pause für zuhause am Schreibtisch, in der Bibliothek oder auch in Zug, Bus und U-Bahn.

Drei der vier Übungen sind von außen betrachtet derart unauffällig, sodass man eher denken könnte, dass Sie für einen Moment nur die Augen geschlossen halten, um sich auszuruhen. Das machen viele Menschen vor allem nach Feierabend auch in öffentlichen Verkehrsmitteln, sodass Sie nichts Ungewöhnliches tun, wenn Sie dort die Augen schließen.

Allen Übungen gemeinsam ist es, dass Sie eine simple Aufgabe bekommen, der Sie sich widmen. Dies ist beispielsweise das Beobachten Ihrer Atemzüge verbunden mit einer schlichten Denkaufgabe. Damit soll erreicht werden, dass Ihre Gedanken nicht beliebig abschweifen, sondern immer wieder an die kleine Aufgabe erinnert werden. Sie sind quasi beschäftigt, die Aufgabe zu erfüllen. Statt also nur sorgenvoll an die nächste Prüfung oder an den Stoff, den Sie gerade bearbeiten, zu denken, lenken Sie sich für diesen kurzen Moment gezielt ab.

Abb. 5: Grundhaltung für Entspannungsübungen

Die Entspannungsübungen sind extra im Sitzen gedacht, damit Sie sie nicht liegend anwenden und schon gar nicht zum direkten Einschlafen benutzen. Beachten Sie unbedingt, dass die Übungen hier als kleine erfrischende oder Angst reduzierende Übungen gedacht sind. Ihr Gehirn soll lernen, die Übungen genau für diesen Zweck zu benutzen. Sie können sich also vor dem Einschlafen insgesamt mit einer Übung beruhigen. Wenn Sie jedoch bereits im Bett liegen, aber vor lauter Sorgen und Gedanken nicht einschlafen können und auch dafür eine Entspannungsübung benutzen wollen, dann wählen Sie eine andere Übung aus, die Sie nur diesem Zweck widmen. Diese Übung müsste man dann aber korrekterweise als **Einschlafübung** bezeichnen.

Und so sieht nun die ideale Sitzhaltung für eine Entspannungsübung aus: Sie sitzen gerade, aber hinten angelehnt. Ihre Füße stehen fest auf der Erde und Ihre Hände liegen bequem im Schoß. Den Kopf lassen Sie leicht nach vorne fallen und gucken vor sich auf den Boden oder schließen die Augen, so wie oben gezeigt.

Beachten Sie dabei bitte, dass Sie je nach Übung immer dieselbe Grundhaltung im Sitzen einnehmen sowie dieselben Worte und Bilder benutzen, damit diese zu einem sicheren Auslöser für Entspannung werden. So werden Sie im Laufe der nächsten Wochen herausfinden, was Ihre Lieblingsübung sein wird. Diese können Sie dann immer benutzen.

3 Der „Prüfungsangst-Check"

> Die Straße zum Erfolg ist immer eine Baustelle.
>
> Lily Tomlin

Mit dem Prüfungsangst-Check können Sie nun herausfinden, welcher Zeitraum im Zusammenhang mit der Prüfung entscheidend ist für das Ausmaß Ihrer Prüfungsangst. Hier noch einmal die Zeitskala mit den vier Zeiträumen:

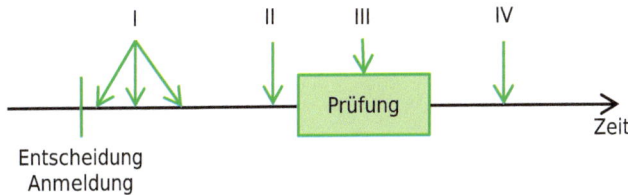

Abb. 6: Die Zeitskala mit den vier wichtigen Zeitpunkten

☺ **Gut zu wissen!**

Der Prüfungsangst-Check besteht aus typischen Gedanken und Aussagen von Teilnehmer*innen aus Kursen gegen Prüfungsangst. Lesen Sie diese durch und entscheiden Sie möglichst spontan, ob die Bemerkung so auch von Ihnen hätte sein können. Dabei kommt es nicht auf die Formulierung an, sondern auf den Inhalt an sich, der damit ausgedrückt wird. Danach können Sie gleich selbst die Auswertung vornehmen, die am Ende genau erläutert wird.

3.1   Fragebogen

Gehen Sie zunächst also alle Bemerkungen durch und entscheiden Sie, ob die Bemerkung auf Sie zutrifft („Ja") oder nicht („Nein") und kreuzen Sie das entsprechende Kästchen an. Dieser Teil dauert etwa 15 Minuten.

✎ Der große Prüfungsangst-Check

Hoffentlich begegne ich der Prüfer*in jetzt nicht auf dem Flur.
● Ja □ Nein □

Was schreibt denn die Prüfer*in die ganze Zeit? Was ich alles Falsches sage? ■ Ja □ Nein □

Das war peinlich, weil bestimmt alle gemerkt haben, dass ich Angst hatte. ● Ja □ Nein □

Was denken meine Freund*innen und meine Eltern, wenn ich durch die Prüfung falle? ▶ Ja □ Nein □

Ich muss so viel Stoff lernen, ich weiß nicht, wie ich das schaffen soll. ▶ Ja □ Nein □

Wenn ich mir vor dem Einschlafen ausmale, wie die Prüfung abläuft, bekomme ich starkes Herzklopfen. ▶ Ja □ Nein □

Was ich gelesen habe, habe ich 5 Minuten später schon wieder vergessen. ▲ Ja □ Nein □

Ich hätte doch ein anderes Einsprechthema oder eine andere Prüfer*in nehmen sollen. ■ Ja □ Nein □

Wenn schon die erste Frage nicht klappt, dann kannst du den ganzen Rest vergessen. ▲ Ja □ Nein □

Ich habe so schlecht geschlafen und bin überhaupt nicht fit für das hier. ■ Ja □ Nein □

Das Vorgespräch mit der Prüfer*in hat mich noch mehr durcheinandergebracht. ▲ Ja □ Nein □

Verglichen mit den anderen bin ich eher schlecht vorbereitet. ▶ Ja □ Nein □

Die Zeit reicht doch nie, um das alles bis zur Prüfung in den Kopf zu kriegen! ▲ Ja □ Nein □

Oh, Gott, die Frage weiß ich nicht! Was mach ich denn jetzt? ■ Ja □ Nein □

Für meine Freund*innen habe ich jetzt einfach keine Zeit und Sport ist auch gecancelt. ▲ Ja □ Nein □

Diese Nacht muss ich endlich ausschlafen. ▶ Ja □ Nein □

Mir scheint, die prüfungsrelevante Literatur ist extra so umfangreich, damit man es normalerweise gar nicht schaffen kann. ▲ Ja □ Nein □

Ich habe bestimmt genau das Falsche gelernt und es kommen ganz andere Sachen dran. ▶ Ja □ Nein □

Die könnten mich nach meinem Namen fragen – den wüsste ich auch nicht mehr. ■ Ja □ Nein □

Ich hatte totales Glück und die richtigen Fragen bekommen. Mit anderen Themen hätten die voll meine Lücken erwischt. ● Ja □ Nein □

Wenn ich nur an die Prüfer*in denke, wie sie*er so dasitzt, dann werde ich ganz aufgeregt. ▶ Ja □ Nein □

Ich lenke mich ständig ab, weil ich den Schreibtisch aufräume, die Wohnung putze oder im Internet surfe. ▲ Ja □ Nein □

Ich bin aber auch vom Pech verfolgt – fast alles nur Sachen, die ich gerade nicht gelernt hab. ■ Ja □ Nein □

Die Beisitzer*in soll ganz nett sein, aber die Prüfer*in guckt nur aus dem Fenster während man antwortet. ▶ Ja □ Nein □

Ich muss total selbstsicher und kompetent rüberkommen. ▲ Ja □ Nein □

Wenn ich morgens aufwache und an den Tag denke, steigt schon die Angst in mir hoch. ▲ Ja □ Nein □

Ich muss so viel Stoff lernen, ich weiß nicht, wie ich das noch schaffen soll. ▲ Ja □ Nein □

Hätte ich doch bloß mehr Seminare besucht – jetzt fehlt mir ganz bestimmtes Wissen. ▶ Ja □ Nein □

Das ist wie ein großer Berg und ich weiß nicht, wo ich anfangen soll. ▲ Ja □ Nein □

In der Lerngruppe habe ich das anderen noch erklärt – jetzt weiß ich nichts mehr! ■ Ja □ Nein □

Ich mache mir einen Zeitplan und stelle immer fest, dass ich ihn überhaupt nicht einhalte. ▲ Ja □ Nein □

Ich brauch nur an die Prüfung zu denken, dann habe ich schon feuchte Hände. ▶ Ja □ Nein □

In der Prüfung krieg ich bestimmt keinen Ton heraus – was mach ich dann bloß?! ▶ Ja □ Nein □

Ich weiß gar nicht, wofür ich die Zensur eigentlich bekommen habe. ● Ja □ Nein □

Und wenn ich eine Frage bekomme, die ich nicht beantworten kann? Was mach ich dann? ▶ Ja □ Nein □

Wenn ich durchfalle, war das ganze Studium umsonst.
▶ Ja □ Nein □

Na, das ging ja gut los! So wird das doch nichts mehr!
■ Ja □ Nein □

Alle sind am Schreiben, nur ich starre auf das weiße Papier und mein Gekritzel. ■ Ja □ Nein □

Ich habe wirklich viel vorher gemacht und jetzt habe ich so schlecht abgeschnitten. ● Ja □ Nein □

Das lief nur deshalb gut, weil ich mir die netteste Prüfer*in ausgesucht habe. ● Ja □ Nein □

Ich weiß gar nicht, ob ich das richtige Skript oder Buch zum Lernen habe. ▲ Ja □ Nein □

Ich steh ja total neben mir! Jetzt werd' doch mal ruhig!
■ Ja □ Nein □

Mist! Meine Hände zittern ja total! ■ Ja □ Nein □

Das lief zwar irgendwie ganz gut, aber beim nächsten Mal ist ja alles schwerer. ● Ja □ Nein □

Die haben mir doch nur eine bessere Zensur gegeben, weil sie mich irgendwie damit motivieren wollen (oder: weil sie es auch nur hinter sich haben wollen). ● Ja □ Nein □

Herzukommen war ein Fehler. Ich hätte mich krankschreiben lassen sollen. ■ Ja □ Nein □

Siehste! Ich bin eben kein Prüfungstyp. Ich kann so etwas nicht. ● Ja □ Nein □

Ich habe mich total bescheuert verhalten. ● Ja □ Nein □

Beim Lesen muss ich immer an andere Dinge denken, sodass ich mich gar nicht konzentrieren kann. ▶ Ja □ Nein □

Das Ergebnis geht in die Gesamtnote ein – damit krieg ich doch keinen Master (oder Job). ● Ja □ Nein □

Ich brauch irgendwie Baldrian oder Autogenes Training, um runterzukommen. ▲ Ja □ Nein □

Wie sag ich es meinen Eltern, wenn ich durch diese Prüfung falle? ■ Ja □ Nein □

So wie die Prüfer*in guckt, muss ich ja totalen Blödsinn reden! ■ Ja □ Nein □

Ich hätte viel mehr sagen sollen, statt dazusitzen und zu schweigen. ● Ja □ Nein □

Ich habe viel zu spät angefangen. Das fehlt mir jetzt an Zeit. ▶ Ja □ Nein □

Es fing schon mit der ersten Frage schlecht an und dann habe ich nicht mehr die Kurve gekriegt. ● Ja □ Nein □

Und dann bin ich auch noch rot geworden (oder: hab gestottert/oder: habe so stark geschwitzt). Da war dann alles endgültig aus. ● Ja □ Nein □

Vergiss es! Ich geb' einfach ein leeres Blatt ab (oder: ich breche die mündliche Prüfung einfach ab). ■ Ja □ Nein □

Wenn andere etwas lernen, behalten sie es auch. Ich glaube, ich vergesse alles wieder. ▲ Ja □ Nein □

Ich habe für das ganze Studium viel zu lange gebraucht. Dafür hätte ich auch besser abschneiden müssen. ● Ja □ Nein □

3.2 Auswertung

Nun können Sie den Test auswerten. Zählen Sie zusammen, wie viele Bemerkungen mit einem ▲, ▶, ■ oder ● Sie jeweils mit „Ja" ange-kreuzt haben und schreiben Sie die Summe hinter die entsprechenden Zeitpunkte:

▲ Die mehrwöchige Vorbereitungsphase: _____ Ja-Kreuze

▶ Unmittelbar vor der Prüfung: _____ Ja-Kreuze

■ In der Prüfung: _____ Ja-Kreuze

● Nach der Prüfung: _____ Ja-Kreuze

Und das bedeutet Ihr persönliches Prüfungsangst-Check-Ergebnis:

10–15 Ja-Kreuze: Dies ist Ihre wichtigste Angstphase. Nehmen Sie sich genügend Zeit, das genau zu dieser Phase gehörige Kapitel zu bearbeiten.

7–9 Ja-Kreuze: Dieser Phase sollten Sie sich widmen, indem Sie das genau zu dieser Phase gehörige Kapitel bearbeiten.

4–6 Ja-Kreuze: Wenn Sie genügend Zeit haben, dann sollten Sie sich dieser Phase auch noch widmen und das genau zu dieser Phase gehörige Kapitel bearbeiten.

1–3 Ja-Kreuze: Diese Phase ist für Sie eher unbedeutend und die Bemerkungen tauchen wahrscheinlich in einer wichtigeren Phase auch auf, sodass Sie dieses Kapitel auslassen können.

Jedem der vier Zeiträume ist also ein eigenes Kapitel gewidmet. Gehen Sie nun gezielt zu dem entsprechenden Kapitel, indem Ihre wichtige Angstphase ausführlich beschrieben wird und bearbeiten Sie diese dort ganz gezielt. Wenn mehrere oder alle Zeiträume auf Sie zutreffen, dann gehen Sie am besten in der Reihenfolge der Wichtigkeit vor und bearbeiten das wichtigste Kapitel zuerst.

Schauen Sie in der folgenden Liste nach, welches Kapitel zu dem Symbol gehört, bei dem Sie die meisten Ja-Kreuze haben und gehen Sie im zweiten Teil dieses Buches dann als Erstes direkt dorthin:

▲   Kapitel 1: Die mehrwöchige Vorbereitungsphase

▶   Kapitel 2 und 3: Unmittelbar vor der Prüfung

■   Kapitel 4: In der Prüfung

●   Kapitel 5: Nach der Prüfung

Teil 2:
Die vier Momente der Prüfungsangst

Lernen ist wie Rudern gegen den Strom.
Hört man damit auf, treibt man zurück.

Laozi

1 In weiter Ferne: Die mehrwöchige Vorbereitungsphase▲

Vor mir liegt eine lange Treppe – jeden Tag nehme ich eine Stufe, bis ich oben angekommen bin.

Bei den einzelnen Modulen der durchstrukturierten **Bachelor- und Master-Studiengänge** ist auch der dazu gehörige Termin der Abschlussprüfungen von Beginn an vorgesehen. Garantiert am Ende des Semesters steht er fest, nur weil Sie für sich entschieden haben, an eben dieser Veranstaltung teilzunehmen. Im Grunde ist schon die Teilnahme an der Veranstaltung als Vorbereitung auf die anstehende Prüfung zu sehen. Sie werden dann vielleicht noch ein paar Tage vorher intensiver lernen. Eine langfristige Planung ist hierdurch möglich, wenn keine äußeren oder inneren Hindernisse entstehen, wie beispielsweise eine Prüfungsangst, die Sie dann daran hindern könnte, den Termin auch wahrzunehmen. Anders sieht es bei vielen Prüfungen oder einem ganzen **Examen** aus. Hier müssen Sie sich extra anmelden und entscheiden damit aktiver über den Beginn der Vorbereitungsphase. Denn durch Ihre Anmeldung haben Sie die Vorbereitungsphase für die Prüfung quasi selbst aktiviert und nun läuft die Zeit.

☺ **Gut zu wissen!**

Gemeinsam bei allen Studiengängen ist, dass Sie Ihre Vorbereitungszeit für die Prüfungen weitestgehend selbst terminiert haben und für die Einhaltung Ihres Arbeitspensums selbst sorgen müssen.

Spätestens ab diesem Moment kann sich auch die Psyche mit dieser Situation beschäftigen. Neben den konkreten Überlegungen, welches Wissen für eine Prüfung bearbeitet und gelernt werden soll, können sich Gedanken Platz verschaffen, die mehr oder weniger skeptisch die ganze Aktion infrage stellen. Damit keine größere Panik aufkommt, versucht man sich oft mit oberflächlich beruhigenden Argumenten abzulenken. Gern wird dazu behauptet, es sei noch genügend Zeit und schließlich habe man ja auch schon mit dem Lernen begonnen. Das stimmt natürlich. Aber wird die Zeit wirklich reichen? Kommt man nicht schon jetzt viel langsamer voran als geplant? Oder stellt sich nicht Einiges erst beim Bearbeiten als schwieriger heraus als gedacht? Und dann erst die Prüfung selbst! In der Phantasie sieht man sich dort schon sitzen und spielt durch, was alles passieren könnte und wie wohl die Prüfer*in sich verhält und, und, und. Bemerken Sie gerade, dass Sie nur vom Lesen dieser Zeilen schon nervös werden? Dann ist auch Ihre Phantasie mit Ihnen durchgegangen. Denn Sie lesen gerade nur ein Buch gegen Prüfungsangst und brauchen dabei doch keine negativen Gefühle bekommen. Wenn dies aber nur durch meine Beschreibungen schon gelingt, dann ist es richtig, dass Sie etwas dagegen tun sollten. Dabei soll Ihnen mindestens dieses Kapitel behilflich sein. Auf der Zeitskala entspricht die mehrwöchige Vorbereitungsphase dem Zeitpunkt I:

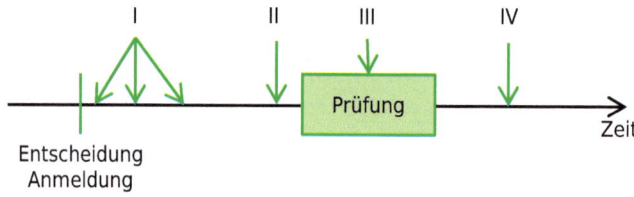

Abb. 7: Die Zeitskala mit den vier wichtigen Zeitpunkten

1.1   Das erwartet Sie in diesem Kapitel

Mit der Veränderung der negativen Gedanken, der Umsetzung bewährter Lerntechniken und einer Entspannungsübung setzen Sie der Prüfungsangst etwas entgegen:

[1] Als Erstes stehen die einschränkenden und **Angst auslösenden Gedanken** während der längeren Vorbereitung auf eine Prüfung im Mittelpunkt. Diese Phase beginnt ganz eindeutig, sobald Sie sich für die Prüfung oder für ein Seminar, das mit einer Prüfung

endet, anmeldet haben. Denn jetzt wissen Sie, dass es auf Sie zu-kommt und wie viel Zeit Ihnen konkret noch bleibt. Das können Tage, Wochen oder wie bei einem Examen sogar Monate sein.

[2] Im Abschnitt Lerntechniken geht es in diesem Kapitel um den sinnvollen Umgang mit Zeit und damit auch um die vielen Dinge, die jeden Tag erledigt werden müssen. Der Begriff **Zeitmanagement** gehört im Sinne dieses Buches mehr zur eigentlichen Arbeit, aber **Zeiteinteilung** meint dann doch noch mehr, da der Tag ja aus 24 Stunden und eben nicht nur aus Arbeiten besteht. Hier und in den entsprechenden weiteren Abschnitten des Buches kann es sein, dass Sie feststellen, dass Sie etwas doch genauso schon um-setzen. Das wäre gut, denn dann sind Sie was diesen Teil betrifft ja auf der sicheren Seite. Für Sie neue Tipps können Sie aufgreifen, um Ihr persönliches Zeitmanagement zu verbessern.

[3] Und als **Entspannungsmethode** lernen Sie die **Atem-Zähl-Übung** kennen. Dies ist eine sehr einfache Entspannungsübung, die Sie an jedem Ort mit einer Sitzmöglichkeit anwenden können. Sollte Ihnen diese Übung nicht gefallen, dann finden Sie in den an-deren Kapiteln weitere Methoden zum Ausprobieren.

1.2   Zeitpunkt 1: Die Wochen vor der Prüfung

„Mich anzumelden war schon ein richtig aufregender Schritt. Für mich bedeutete das: Jetzt gibt es kein Zurück mehr. Und so fühlte sich das auch an, denn jetzt war klar, wie viel Zeit ich noch habe und dass die Uhr rückwärtsläuft. Jeder Tag, an dem ich nichts für die Uni gemacht habe, kam mir vor wie verloren. Und während ich bei Freunden oder im Kino saß, musste ich immer daran denken, dass ich jetzt eigentlich zuhause hätte lernen können. Aber man kann ja auch nicht nur lernen. So saß ich im Kino und dachte ans Lernen. Wenn ich aber am Schreibtisch saß, kamen mir tausend tolle Ideen, was ich jetzt viel Schöneres tun könnte. Schlimmer wa-ren aber noch die Zweifel, die mich regelmäßig überkamen: Reicht die Zeit überhaupt? Lernst du auch das Richtige und wäre es nicht doch besser gewesen, es letztes Semester bei einem anderen Prüfer zu machen?“

Finden Sie sich in der Beschreibung neben dem grünen Balken wieder? So oder ähnlich beschreiben Menschen mit Prüfungsängsten ihre aktuelle Lage. Sie sind hin- und hergerissen zwischen der vielen Zeit, die sie auf der einen Seite noch haben. Demgegenüber steht aber der Berg aus all den Skripten, Büchern und eigenen Mitschriften, die schließlich durchgearbeitet und vor allem noch gelernt werden müssen. Da kommen schnell grundsätzliche Zweifel auf, ob das zu schaffen ist. Und im Kopf kreisen dementsprechend die Grundsatzdiskussionen. Diese und andere das Lernen deutlich behindernde Gedanken sollen nun von Ihnen gesammelt und dann vor allem in unterstützende Mottos umgewandelt werden.

1.2.1   Finden Sie Ihre Selbstverbalisationen

Im Folgenden sind Kommentare aus dem Prüfungsangst-Check noch einmal aufgeführt. Sie gehören alle zur Phase der mehrwöchigen Vorbereitungszeit. Gehen Sie die einzelnen Kommentare durch und entscheiden Sie wieder ganz spontan, ob Sie diese oder einen so ähnlich formulierten Gedanken oder Zweifel von sich kennen, wenn Sie an die Vorbereitungszeit denken:

Das Vorgespräch mit der Prüfer*in hat mich noch mehr durcheinandergebracht. ▲ Ja ☐ Nein ☐

Was ich gelesen habe, habe ich 5 Minuten später schon wieder vergessen. ▲ Ja ☐ Nein ☐

Wenn schon die erste Frage nicht klappt, dann kannst du den ganzen Rest vergessen. ▲ Ja ☐ Nein ☐

Die Zeit reicht doch nie, um das alles bis zur Prüfung in den Kopf zu kriegen! ▲ Ja ☐ Nein ☐

Für meine Freund*innen habe ich jetzt einfach keine Zeit und Sport ist auch gecancelt. ▲ Ja ☐ Nein ☐

Mir scheint, die prüfungsrelevante Literatur ist extra so umfangreich, damit man es normalerweise gar nicht schaffen kann. ▲ Ja ☐ Nein ☐

Ich lenke mich ständig ab, weil ich den Schreibtisch aufräume, die Wohnung putze oder im Internet surfe. ▲ Ja ☐ Nein ☐

Ich muss total selbstsicher und kompetent rüberkommen. ▲ Ja ☐ Nein ☐

Ich mache mir einen Zeitplan und stelle immer fest, dass ich ihn überhaupt nicht einhalte. ▲ Ja ☐ Nein ☐

Wenn andere etwas lernen, behalten sie es auch. Ich glaube, ich vergesse alles wieder. ▲ Ja ☐ Nein ☐

Ich weiß gar nicht, ob ich das richtige Skript oder Buch zum Lernen habe. ▲ Ja ☐ Nein ☐

Ich brauche irgendwie Baldrian oder Autogenes Training, um runterzukommen. ▲ Ja □ Nein □

Das ist wie ein großer Berg und ich weiß nicht, wo ich anfangen soll. ▲ Ja □ Nein □

Wenn ich morgens aufwache und an den Tag denke, steigt schon die Angst in mir hoch. ▲ Ja □ Nein □

Ich muss so viel Stoff lernen, ich weiß nicht, wie ich das noch schaffen soll. ▲ Ja □ Nein □

Dies sind zwar typische Aussagen von Teilnehmer*innen unserer Gruppen gegen Prüfungsangst. Dennoch kennen Sie vielleicht von sich noch weitere eigene negative Gedanken, die beim Lernen stören oder Sie sogar ganz vom Lernen abhalten? Nehmen Sie sich bitte 10 Minuten Zeit und überlegen, welche das sind und notieren Sie diese wortwörtlich. Für bis zu sechs eigene Formulierungen haben Sie hier Platz:

❶

❷

❸

1.2.2 Legen Sie Karteikarten an

Übertragen Sie nun die zu Ihnen passenden Bemerkungen auf Kartei-karten. Beachten Sie dabei: Für jede Bemerkung legen Sie eine eigene Karte an und die aus dem Prüfungsangst-Check übernommenen For-mulierungen müssen dabei noch in eigene Worte umformuliert wer-den. Und zusätzlich schreiben Sie auf diese negative Seite noch den abschließenden Hinweis: „Stopp! Ich will anders darüber nachden-ken."

1.2.3 Formulieren Sie negative Gedanken um

Wenn Sie Ihre Sammlung und das Ausfüllen der Karteikarten abge-schlossen haben, dann können Sie sich nun darum kümmern, sich die sprichwörtlich „andere Seite der Medaille" anzuschauen. Denn die Angst machenden und einschränkenden Gedanken sollen nun syste-matisch durch unterstützende Mottos ersetzt werden.

Zur Erinnerung sind im Kasten noch mal die Regeln aufgeführt, die Sie dabei beachten müssen (die ausführlichere Erläuterung dazu fin-den Sie im 2. Kapitel des 1. Teils).

☺ Gut zu wissen!

Regeln zur Umformulierung:

[1] Gleicher Inhalt

[2] Eigene Worte

[3] Positive Formulierung

[4] Realistische Einschätzung

Werfen Sie doch erst noch mal einen Blick auf die nachfolgende Tabelle, in der beispielhaft einige der typischen Bemerkungen schon umformuliert sind. So bekommen Sie eine ungefähre Idee, wie es funktioniert, und können es für Ihre Karteikarten nun selbst probieren:

Negativ	Unterstützend
Ich muss so viel Stoff lernen, ich weiß nicht, wie ich das schaffen soll.	Ich versuche, in der Zeit, die ich habe, so viel wie möglich zu schaffen.
Wenn schon die erste Frage nicht klappt, dann kannst du den ganzen Rest vergessen.	Ich habe gerade erst begonnen zu lernen, damit ich später auf Fragen antworten kann. Egal, wie etwas dann beginnt – es kann immer anders weitergehen. Das hängt von so vielen Faktoren ab.
Das ist wie ein großer Berg und ich weiß nicht, wo ich anfangen soll.	Ich teile den ganzen Stoff in mehrere Etappen und arbeite mich Stück für Stück voran.
Ich lenke mich ständig ab, weil ich den Schreibtisch aufräume, die Wohnung putze oder im Internet surfe.	Ich nehme mir eine kleine Aufgabe vor, die ich mir zutraue zu schaffen. Im Anschluss kann ich was ganz anderes als Belohnung oder Ablenkung tun.

Für meine Freund*innen habe ich jetzt einfach keine Zeit und Sport ist auch gecancelt.	Gerade beim Lernen braucht man richtige Auszeiten. Dafür plane ich Freund*innen, Sport und anderes gezielt ein.
Ich brauche irgendwie Baldrian oder Autogenes Training, um runterzukommen.	Ich versuche, mit diesem Buch meine Grundeinstellung zu ändern und lerne auch eine Entspannungsübung, um insgesamt ruhiger zu werden.
Wenn ich morgens aufwache und an den Tag denke, steigt schon die Angst in mir hoch.	Jeder Tag beginnt mit Aufstehen, Anziehen, Frühstücken. Dann mache ich mir eine Liste für den Tag und beginne, diese Stück für Stück abzuarbeiten.

Tab. 1: Negative Gedanken und passende Umformulierungen

Finden Sie nun für alle Ihre Karteikarten eine solche neue, unterstützende Formulierung anstelle des bisherigen, Angst machenden Gedanken. Schreiben Sie dieses neue Motto auf die noch freie Seite der Karteikarte.

1.2.4   Wie Sie die Karteikarten verwenden

Sie haben jetzt einige vollständige Karteikarten, die eigentlich genauso aussehen wie Karten, die man sich zum Lernen erstellt: Wenn Sie z.B. eine Sprache lernen wollen, dann steht auf der einen Seite das deutsche Wort und auf der Rückseite – zur Erinnerung, als Gedächtnishilfe und zur Wissenskontrolle – das entsprechende Wort in der unbekannten Sprache.

Genau in diesem Sinne benutzen Sie die eben angelegten Karteikarten: Immer, wenn Sie sich auf eine Prüfung vorbereiten oder sich diese ausmalen, wird es vorkommen können, dass einer der altbekannten negativen Gedanken Ihnen durch den Kopf geht. Dann suchen Sie unter all Ihren Karten die entsprechende Karte dazu heraus. Sie erkennen die passende Karte natürlich sofort wieder und denken vielleicht „Siehste, da ist es schon wieder!" Aber nun kommt das Neue. Folgen Sie der Aufforderung, die ja zum Glück gleich unten auf der Karte steht: „Stopp! Ich will anders darüber nachdenken!" Und deshalb drehen Sie die Karte jetzt um. Und dort steht ein gut durchdachtes, neues Motto. Widmen Sie sich diesem positiven Motto, stimmen Sie der Aussage innerlich zu und legen dann die Karte zur Seite. Fahren Sie nun mit der Sache fort, von der Sie gerade durch die Gedanken abgehalten wurden, und lassen Sie sich dabei von dem unterstützenden Motto beeinflussen.

So verfahren Sie immer, wenn entsprechende Gedanken aufkommen. Dadurch bieten Sie Ihrer Psyche gleich das neue Motto an und sie wird es mehr und mehr anerkennen als das, wonach sie sich richten will. Sie können sich auch zwischendurch einmal die Karten anschauen. Erkennen Sie dann immer den alten Gedanken als etwas von Ihnen und drehen sofort die Karte um, damit Sie sich vor allem dem neuen Motto widmen können. Malen Sie sich z.B. eine Prüfungssituation in Gedanken aus, in der dieses neue Motto von Ihnen umgesetzt wird. Dies könnte folgendermaßen aussehen:

Bisher haben Sie befürchtet, dass Sie in einer mündlichen Prüfung auf eine Frage hin möglicherweise schweigen würden. Ihr neues Motto könnte nun lauten „Ich versuche, laut zu denken, und dabei das Thema, um das sich die Frage dreht, auszuformulieren und kann so zu den konkreten Inhalten kommen. Stellen Sie sich daher in Ihrer Fantasie den Raum, die Prüfer*in und sich selbst dort sitzend vor. In dieser Vorstellung werden Sie etwas gefragt und Sie versuchen nun, Ihr neues Motto anzuwenden und beginnen, tatsächlich laut zu denken. Was passiert dadurch Neues in Ihrer Fantasie? Stellen Sie sich vor, wie Sie sich sprechen hören und wie die Prüfer*in Ihren Ausführungen folgt. Es könnte sein, dass sie*er Sie ergänzt oder korrigiert und Sie sich dadurch immer mehr in Richtung der Antwort bewegen. Wie verändert sich die gesamte Atmosphäre der Prüfung, wenn Sie sich so verhalten? Durch dieses Durchspielen in der Fantasie bieten Sie sich und Ihrer Psyche eine neue Sicht der Dinge an. Damit steigt die Wahrscheinlichkeit, dass etwas in dieser Art eintreten kann.

1.3 Lerntechniken: Zeit, Zeiteinteilung und -management

1.3.1 Weniger lernen bedeutet bessere Noten?

Diese Erkenntnis könnte man aus einer Untersuchung der Amerikaner Clifford Morgan und James & Ellen Deese (1979) gewinnen. Sie fanden erstmals in den 1950er Jahren heraus, dass College-Studierende, die regelmäßig länger lernten, trotzdem schlechtere Notenergebnisse erzielten. Daher liegt spontan der Umkehrschluss nahe, besser deutlich weniger Zeit zu investieren und dennoch einen größeren Lernerfolg zu haben. Dass dieses Vorhaben allein aber nicht ausreichen kann, zeigen weitere Untersuchungsergebnisse.

☺ Gut zu wissen!

Denn die wichtigste unbedingt umzusetzende Regel lautet: „Nicht so viel Zeit wie möglich, sondern so **effektiv** wie möglich."

Man könnte es auch so formulieren: Hatten sich die einen zum Lernen hingesetzt, dann haben sie das auch wirklich getan. Andere aber, die Stunde für Stunde am Schreibtisch verbrachten, waren in Wirklichkeit unkonzentriert und haben sich mit ganz anderen, meist unwichtigen Dingen beschäftigt. Kein Wunder also, dass sie trotz der vielen Stunden am Schreibtisch zu schlechten Noten kamen.

In diesem Abschnitt erfahren Sie daher, wie Sie Ihre für das Arbeiten und Lernen vorhandene Zeit optimal einsetzen und welche Dinge Sie darüber hinaus noch berücksichtigen sollten. Dies beinhaltet sowohl einen übergeordneten Studienplan zum ungefähren Ablauf des gesamten Studiums als auch einen Semesterplan, aus dem sich dann fast automatisch ein Wochenplan ergibt. Der Wochenplan wiederum stellt alle einzelnen Tage und gleichzeitig die Woche dar. Ein hohes Maß an Eigeninitiative und Selbständigkeit ist vor allem dann gefordert, wenn

Sie Ihre Zeit prinzipiell selbst einteilen können. Dieses ist mindestens in der vorlesungsfreien Zeit, beim Schreiben von Haus- und Abschlussarbeiten oder in Zeiten der Prüfungsvorbereitung der Fall.

1.3.2   Studienplan, Semesterplan, Wochen- und Tagesplan

In der Planung werden Sie vom Allgemeinen zum Speziellen vorgehen. Denn erst aus der groben Vorstellung, wie viel Zeit man für ein bestimmtes Projekt veranschlagt, sind konkrete Schritte ableitbar. Und die beinhalten immer auch die Möglichkeit für konkrete Zeitvorstellungen. Folgendes Alltagsbeispiel soll Ihnen das verdeutlichen:

> Stellen Sie sich vor, Sie haben heute Abend frei und können überlegen, was Sie mit Ihrer Zeit anfangen wollen. Sie stellen zunächst eine grundsätzliche, daher aber noch diffuse Überlegung an, beispielsweise „Ich hätte Lust, mal wieder ins Kino zu gehen". Das ist nun wirklich noch sehr allgemein gedacht, denn es fehlen der konkrete Film, das entsprechende Kino und natürlich die Zeit. Und vielleicht auch noch, ob Sie jemand begleitet. Jedoch können Sie jetzt konkreter werden. Also entscheiden Sie, welcher Film es sein soll. Daraus können Sie im nächsten Schritt mit einem Kinoprogramm ableiten, welche Kinos infrage kommen. Die Entscheidung fällt möglicherweise leicht, denn Ihr Lieblingskino ist dabei. Es bietet den Film zu drei verschiedenen Anfangszeiten an. Daher kann jetzt als letzte Konkretisierung die Auswahl der Zeit erfolgen. Und sehen Sie was jetzt geschieht: Egal, welche Anfangszeit Sie auswählen – automatisch können Sie daraus ableiten, wann Sie zuhause losgehen müssen und ob Sie vorher noch Zeit für etwas anderes haben. Aus einem zeitnahen Filmbeginn folgt eindeutig, dass Sie jetzt eher schnell losgehen sollten. Diese ganzen Entscheidungen könnten Sie gar nicht fällen, wenn Sie nicht überlegt haben, wie Sie heute Abend Ihre Zeit verbringen wollen.

Dieses Alltagsbeispiel verdeutlicht die einzelnen **Denk- und Handlungsschritte**, die zur Planung einer Handlung gehören. Die Überlegungen können dann geradezu automatisch ablaufen und werden in der Regel nicht mehr hinterfragt. Und eben genauso können Sie einzelne Studienabschnitte festlegen und auch die Vorbereitung auf eine Prüfung planen: Sie leiten das jeweilige Vorhaben ein, indem Sie sich Ihre Denk- und Handlungsschritte bewusst machen. Das möchte ich Ihnen hier im Einzelnen erläutern.

1.3.2.1 Der Studienplan

Überlegen Sie zunächst sehr grob, wie lange Sie persönlich insgesamt bzw. noch studieren wollen. Dabei berücksichtigen Sie formale Vorgaben der Studienordnung Ihres Studiengangs und solche Faktoren wie BAföG oder Unterstützung durch die Eltern. Natürlich ist es auch wichtig, ob Sie Einschränkungen durch eine chronische Krankheit oder Behinderung kennen, ob Sie für das Studium den Wohnort wechseln müssen, ob Sie bereits ein Kind oder eine Familie haben oder Ihren gesamten Unterhalt selbst verdienen müssen. Solche Bedingungen unterscheiden Sie nämlich von dem Idealbild der Vollzeitstudierenden, die man scheinbar bei der Festlegung der Regelstudienzeiten zugrunde gelegt hat. Sie sehen: Je mehr diese Idealbedingung für Sie persönlich nicht gelten, desto stärker müssen Sie Ihre Dauer des Studiums anpassen. Daher ist an dieser Stelle am stärksten gefragt, die individuellen Rahmenbedingungen gut zu kennen und zu berücksichtigen.

1.3.2.2 Der Semesterplan

Aus der bereits mit dem Studienplan grob festgelegten Studiendauer, beispielsweise von sechs Semestern für einen Bachelor-Abschluss, leiten Sie im nächsten Schritt die Notwendigkeiten für das aktuelle, bevorstehende Semester ab. Idealerweise gibt Ihr Institut einen Verlaufsplan zum Beginn des Studiums heraus, den Sie als wichtige Orientierungshilfe benutzen. Dabei könnten Sie etwa entdecken, dass ein 2-semestriges Modul immer nur im Sommersemester begonnen werden kann. Wollten Sie nicht zu viel Zeit verlieren und planen Sie gerade Ihr Sommersemester, dann können Sie problemlos die Entscheidung fällen: Ich beginne dieses Modul jetzt, denn in einem Jahr ist mir persönlich zu spät.

In diesem Semesterplan bringen Sie Pflichtveranstaltungen, Wahlveranstaltungen und mindestens eine Veranstaltung unter, die Sie zur Förderung der Motivation wirklich aus Interesse belegen wollen. Referats- und Klausurtermine werden notiert und daraus leiten Sie ab, wann Sie mit den entsprechenden Vorbereitungen dazu beginnen sollten. Letzteres verhindert unangenehme Überraschungsmomente und damit überstürztes, kurzfristiges Arbeiten.

☺ Gut zu wissen!

Eine mögliche Gefahr zu Semesterbeginn ist die Überschätzung der eigenen Ressourcen aufgrund von schlechtem Gewissen, Übereifer oder Leistungsdruck. Prüfen Sie daher schon nach kurzer Zeit, ob Ihr Semesterplan so bleiben kann oder ob Sie nicht doch besser reduzieren sollten, um alle einzelnen Semesterziele auch zu erreichen.

1.3.2.3 Der Wochenplan

Wenn Sie die Veranstaltungen für das bevorstehende Semester ausgewählt haben, dann sollten Sie diese spätestens jetzt zur Übersicht in einen Wochenplan mit einzelnen Wochentagen eintragen. Das entspricht genau dem Stundenplan, wie Sie ihn zu Schulzeiten hatten. So ein Wochenplan könnte beispielsweise dabei herauskommen:

🕐	Mo	Di	Mi	Do	Fr	Sa	So
7							
8		Sprach-kurs		Sprach-kurs	Seminar 2		
9							
10		Vorlesung 2	Vorlesung 3	BZQ-Kurs			
11							
12							
13							
14	Vorlesung 1	Seminar 1	Vorlesung 1				
15							
16		Seminar 2	Seminar 3				
17							
18				Seminar 1			
19							
20							
21							
22							
23							

Abb. 8: Ein Wochenplan, der nur die Veranstaltungen enthält

Nun könnten Doppelbelegungen deutlich werden oder Ihnen fällt auf, dass beispielsweise Veranstaltungsorte so ungünstig liegen, dass Sie die nachfolgende Veranstaltung nicht rechtzeitig erreichen. Gleichzeitig werden Leerlaufzeiten deutlich, sodass Sie überlegen können, wie Sie diese nutzen wollen. So legen Sie etwa für sich fest, dass eine Freistunde vor einem Seminar aus einer kleinen Pause und aus der Vorbereitung für das Seminar in der Bibliothek bestehen wird. Sie haben damit die Vorbereitungszeit bereits sicher untergebracht!

In dem Wochenplan haben Sie bisher nur Lehrveranstaltungen berücksichtigt. Ihre Woche besteht aber aus mehr – vielleicht auch aus mehr Verpflichtungen. Natürlich wissen Sie, dass Sie an bestimmten

Tagen zu festgelegten Zeiten etwa einen Job ausüben. Und einen festen Termin in Ihrem Sportverein, Ihrem Chor oder jedem anderen Hobby gibt es auch. Und es könnte sein, dass Sie ein Kind haben und es gibt feste Kindergartenzeiten, zu denen Sie Ihr Kind wegbringen und dann auch wieder abholen müssen. Tragen Sie diese Dinge doch auch einmal in den Wochenplan ein.

Was Sie jetzt sehen können ist: Ich mache ja ganz schön viel auch noch neben der Uni. Sie sehen genauso auch die Freiräume, die Ihnen hoffentlich noch geblieben sind. In diesen Freiräumen können Sie gerne ganz spontan entscheiden, was Sie damit tun wollen. Der Wochenplan verändert sich nun ganz enorm und sähe etwa so wie oben gezeigt aus.

🕐	Mo	Di	Mi	Do	Fr	Sa	So
7		Frühstück		Frühstück	Frühstück		
8		Sprach-		Sprach-	Seminar		
9		kurs		kurs	2		
10	Frühstück	Vorlesung	Vorlesung	BZQ-			
11		2	3	Kurs		Frühstück	
12	Lernen	Essen	Essen	Essen	Bibliothek	Lernen	
13	Essen	Bibliothek	Bibliothek		Essen		
14	Vorlesung	Seminar	Vorlesung				
15	1	1	1				
16		Seminar	Seminar	Bibliothek		Sport	
17		2	3				
18				Seminar			
19	Job	Sport		1			
20							
21					Job		
22							
23							

Abb. 9:   Ein Wochenplan mit allen festen Terminen

Vielleicht wird Ihnen durch diesen Plan noch mehr bewusst, was Sie alles in einer Woche untergebracht haben. In jedem Fall sehen Sie sehr gut die verbliebenen Freiräume für Kino, Spaziergang, Einkaufsbummel oder für ein spontanes Frühstück oder Abendessen mit Freund*innen oder Familie. Im Anhang des Buches finden Sie einen unausgefüllten Wochenplan, den Sie sich kopieren können, um ihn mit den eigenen Terminen zu Semesteranfang zu bestücken.

1.3.2.4 Der Tagesplan

Haben Sie den zuvor beschriebenen Wochenplan angelegt, dann liegt jeder einzelne Tag automatisch vor Ihnen. Folgende Vorteile bietet diese Art zu planen:

» Eingeplante Dinge sind abgesichert und können nicht aus Versehen wegrutschen und vergessen werden.

» Man hat heute schon eine grobe Idee, wie der morgige Tag aussieht. Dadurch können Sie sich besser darauf einstellen und wissen beispielsweise, dass heute Abend ein spätes Treffen in einer Bar ungünstig ist, weil Sie gerade morgen den anstrengendsten Tag der Woche vor sich haben und besser ausgeschlafen sein sollten. Daher bietet sich der Besuch der Bar sogar eher am Ende des anstrengenden Tages als guter Ausgleich und Tagesabschluss an. Sie verlegen diese gute Idee damit auf einen besseren Zeitpunkt.

» Spontane Neuigkeiten können sofort geprüft und entschieden werden. Wenn Sie etwa bei Ihrem Job an einem der nächsten Tage überraschend einspringen sollen, dann genügt der Blick auf Ihren Plan, um zu wissen, ob und an welchem Tag das überhaupt geht.

» Mit unvorhersehbaren Ausnahmen können Sie flexibler umgehen. Wenn beispielsweise eine Freund*in dringend Hilfe benötigt, dann können Sie einspringen, ohne Ihre eigenen Vorhaben aus dem Auge zu verlieren und Sie können diese zu einem späteren Zeitpunkt neu einplanen.

Schaut man sich einen einzelnen Tag an, dann wird deutlich, dass ein paar physiologische Grundlagen zu berücksichtigen sind. Die sollen an dieser Stelle erläutert werden.

1.3.3   Jeder Tag geteilt durch Drei: 3x8 Stunden

Jeder gesunde Mensch hat drei grobe Grundbedürfnisse, die täglich befriedigt werden sollten. Unbedingt zählen dazu ganz egoistisch gesehen Essen, Körperhygiene und Schlafen. Ein Drittel des Tages, und damit ca. 8 Stunden werden dafür durchschnittlich benötigt.

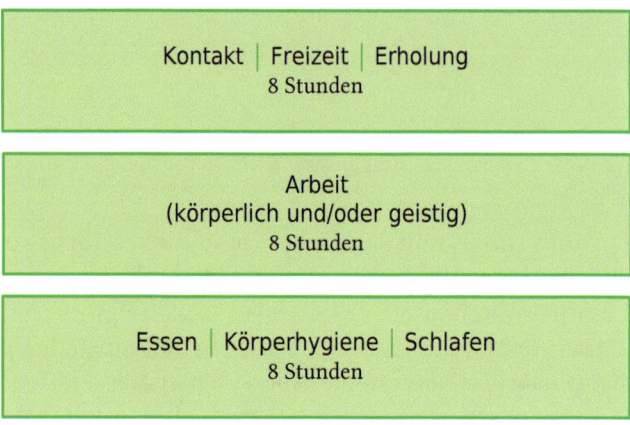

Abb. 10: Der drei-geteilte Tag

Der Mensch ist kräftemäßig im Durchschnitt 6–8 Stunden dazu in der Lage, aktiv zu sein, d.h. zu arbeiten, zu lernen oder anderen fordernden Aktivitäten nachzugehen. Dies stellt ein zweites Drittel dar. Und das soziale Wesen, das der Mensch ja auch noch ist, sollte ein weiteres Drittel für Kontakte, Freizeitgestaltung und alles andere, was weder Schlafen noch Arbeiten ist, zur Verfügung haben.

Im Folgenden erfahren Sie, wie Sie vor allem das mittlere Drittel „Arbeiten" sinnvoll gestalten, um die Ihnen täglich zur Verfügung stehende Arbeitsenergie zu nutzen. Dabei sollen Sie aber die weiteren Drittel nicht aus den Augen verlieren.

1.3.3.1 Der Mensch ist keine Maschine: maximal 6 Stunden Leistungsfähigkeit

Stellen Sie sich folgendes fiktive Experiment vor: alle Teilnehmer*innen erhalten dieselbe Aufgabe, aber bekommen verschiedene Zeitvorgaben. Während die einen nur ein oder zwei Stunden Zeit haben, erhalten andere fünf oder sechs Stunden Zeit. Wir könnten folgendes Ergebnis beobachten: Alle Teilnehmer*innen würden die Aufgabe bewältigt haben. Aber: Je mehr Zeit man ihnen zu Beginn zur Verfügung stellte, umso länger hätten sie auch gebraucht. Leider hätten sie aber trotz des höheren Zeitverbrauchs nicht mehr erreicht.

Dieses Ergebnis geht auf die Tatsache zurück, dass wir grundsätzlich unsere Produktion nicht beliebig durch eine Ausdehnung des Zeitbudgets erhöhen können. Denn eine Ausdehnung führt häufig zu einer deutlichen Herabsetzung der Leistung pro Stunde. Die Psyche hat nämlich u.a. die Aufgabe, die uns zur Verfügung stehende Leistungsfähigkeit auf die anstehenden Aufgaben und Zeitfenster aufzuteilen.

Dahinter steht die Erkenntnis, dass wir pro Tag eine maximale Leistungsfähigkeit von 6 Stunden zur Verfügung haben. Dies meint intensiven körperlichen Einsatz ebenso wie intellektuelle Betätigung. Lautet nun also die Planung, 10 Stunden lang zu lernen, dann muss die Psyche dafür Sorge tragen, die 6 Stunden Leistungsfähigkeit zu verteilen. Eine Möglichkeit wäre, die ersten 6 Stunden intensiv zu arbeiten und dann nur noch auf Bücher, Aufzeichnungen oder Ablenkendes zu starren.

Eine andere Variante, die viele Studierende berichten, verteilt die 6 Stunden ganz anderes: Zunächst beginnt man intensiv und konzentriert zu arbeiten. Nach einer guten Stunde ist eine Pause angesagt, die aber in der Küche dazu führt, auch noch abzuwaschen und aufzuräumen. Und prompt ist eine weitere Stunde aus Versehen als Pause vergangen. Jetzt wird sich schnell wieder an den Schreibtisch gesetzt und wieder gearbeitet. Nach kürzerer Zeit ertappt man sich dabei, ganz in Gedanken aus dem Fenster zu gucken. Wie viel Zeit dabei vergangen ist, lässt sich nicht mehr bestimmen. Ganz sicher wurde aber nicht gearbeitet.

Was beiden Beispielen gemeinsam ist, ist vor allem eine Erkenntnis: Trotz der vielen am Schreibtisch verbrachten Zeit und damit dem Eindruck, unglaublich viele Stunden mit Arbeiten verbracht zu haben, ist das tatsächliche Ergebnis auf nur wenige Stunden zurückzuführen.

☺ Gut zu wissen!

Tipp | Gehen Sie von maximal 6 intensiven Arbeitsstunden aus. Da Sie auch Pausen benötigen, kommen Sie auf eine reale Arbeitszeit von eher 8 Stunden. Dann haben Sie genug gearbeitet und sollten in der übrigen Zeit anderen Dingen nachgehen.

Als lebendes Wesen gehört zu diesen grundlegenden Dingen Essen und Schlafen. Und für das soziale Wesen gehören dazu noch die Kontakte außerhalb der Arbeitszusammenhänge. Das wunderbare ist ja, dass Sie bei 6–8 Stunden Arbeit dafür noch genügend Zeit haben! Lernen Sie daher 6–8 Stunden mit dem gleichen Ergebnis, als hätten Sie 10–12 Stunden zur Verfügung gehabt und haben Sie sogar noch Zeit für etwas anderes übrig.

1.3.3.2 Pausen

Sie haben eben schon gelesen, dass Sie Pausen benötigen und daher einplanen sollten. Als grobe Orientierung können Sie sich merken:

☺ Gut zu wissen!

Ein Fünftel der Lernzeit sollte als Pause gestaltet werden. Eine kurze Pause sollte bereits nach 30–45 Minuten eingelegt werden. Eine größere Pause ist nach 2–3 Stunden notwendig.

Eine Pause soll eine vollständige Unterbrechung der Arbeit sein. Dazu ist alles erlaubt, was dazu führt, dass Sie in Gedanken nicht weiter lernen oder über eine gerade gesuchte Lösung nicht mehr weiter nachdenken. Günstig ist es, wenn Sie dazu den Arbeitsplatz verlassen und an einen Ort gehen, der Sie richtig ablenkt und in eine angenehme

Stimmung versetzt. Zuhause wären das am ehesten die Küche oder ein Balkon. Und in der Bibliothek alles andere außer Lesesaal und Arbeitsplatz. Gehen Sie nach draußen, dann haben Sie automatisch Bewegung, Tageslicht und Sauerstoff. Sie können damit aufkommender Müdigkeit entgegenwirken und haben für eine optimale Unterbrechung gesorgt.

Hier sind ein paar bewährte Ideen, wie Sie verschieden lange Pausen nutzen könnten:

3–5-minütige Pause:	»	lüften
	»	etwas in der Küche trinken
	»	auf die Toilette gehen
	»	eine kürzere Entspannungsübung
	»	Blumen gießen
10–15-minütige Pause:	»	Kaffee/Tee kochen und trinken
	»	E-Mails checken
	»	Musik hören
	»	eine längere Entspannungsübung
	»	WG-Plauderei oder Telefonat
1–2-stündige Pause:	»	essen
	»	Sport
	»	ausruhen oder schlafen
	»	Freund*innen treffen
	»	einkaufen oder putzen

Warten Sie nicht, bis sich ein Gefühl breitmacht, dass Sie unbedingt eine Pause benötigen. Unterbrechen Sie die aktuelle Tätigkeit schon deshalb, weil eine vorher festgelegte Zeit um ist oder ein Arbeitsabschnitt erledigt wurde. Wenn Sie Bedenken haben, Sie könnten wegen der Unterbrechung aus Ihrer produktiven Phase gerissen werden, dann gewöhnen Sie sich folgenden Umgang mit der Pause an: Beenden Sie einen Lernabschnitt wegen der Pause an einer sinnvollen Stelle. Das wäre beim Lesen eines Buches beispielsweise das Ende eines

Kapitels. So können Sie nach der Pause rekapitulieren, an welcher Stelle Sie aufgehört hatten und wie es daher nun weitergehen muss.

Für verschiedene kleine Tätigkeiten bietet es sich an, nach jeder Pause etwas anderes zu tun. Sie können beispielsweise statt zu Lesen jetzt Schreiben oder Auswendiglernen statt Recherchieren. Sie dürfen sogar Inhalte abwechseln, weil Sie damit neue Motivation für etwas anderes erzeugen.

Abschließend können Sie sich als grobe Regel merken: Ein Fünftel der Arbeitszeit sind Pausen. Sie sind eine völlige Unterbrechung der Tätigkeit.

1.3.3.3 Schlaf

Die größte Pause im Verlauf eines kompletten Tages ist der Schlaf. Davor gibt es zunächst zur Einstimmung auf die Ruhephase noch Freizeit und Entspannung, damit Sie herunterkommen von den Anstrengungen, Aufgaben und Gedanken des Tages. Das ist das sprichwörtliche „Abschalten", damit Sie in den erholsamen Tiefschlaf kommen. Wie bei Kindern ganz deutlich zu sehen ist, helfen auch uns Erwachsenen kleine, wiederkehrende **Rituale**, uns auf den Schlaf einzustellen. Dazu gehören das Runterfahren des Computers und Zähneputzen ebenso wie Licht ausschalten oder im Bett noch in einer Zeitschrift blättern. Gerade auch für das Lernen ist der Schlaf so wichtig, weil das Gehirn die Tageseindrücke und die Informationen, mit denen es sich beschäftigen musste, nun in aller Ruhe sortieren kann. Dabei wird es nicht von weiteren neuen Eindrücken beansprucht. Außerdem werden psychische Spannungen abgebaut oder das Immunsystem gestärkt. Wer will darauf schon verzichten. Sorgen Sie deshalb für genügend Schlaf. Individuell unterschiedlich liegt das Schlafbedürfnis irgendwo zwischen 6 und 8 Stunden pro Nacht.

1.3.3.4 Tagesrhythmen: Leistungshöhepunkte und Leistungstiefs

Gehen Sie zunächst von der biologischen Tatsache aus, dass der Mensch zu den tagaktiven Lebewesen gehört. Die Nacht gehört so gesehen ausschließlich der Ruhe und dem Schlafen. Viele Menschen berichten sogar von deutlichen Unterschieden in ihrer Leistungsfähigkeit, wenn man nur die verschiedenen Tageszeiten vergleicht. Dem berühmten Mittagstief stimmen eigentlich alle zu, denn sie kennen den Mangel an Motivation zu dieser Zeit, während sich auch noch leichte Müdigkeit und Erschöpfung breitmachen. Und tatsächlich ist die physiologische Leistungsbereitschaft am späten Vor- und Nachmittag am höchsten.

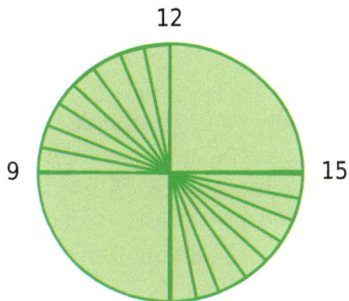

Abb. 11: Tagesrhythmen
in der Zeit von 6 bis 18 Uhr

In der oben dargestellten Uhr, die genau die Tageszeit von 6–18 Uhr wiedergibt, sind dies die gestreiften Flächen. Wichtige oder auch anstrengende Tätigkeiten legen Sie am besten in diese Zeitfenster. Automatisch bietet sich das Mittagstief für eine größere Pause an, in der Sie essen, sich ausruhen oder Besorgungen erledigen können. Erinnern Sie sich an die 6 Stunden Leistungsbereitschaft – die finden Sie nun in diesen Zeitfenstern wieder. Übrigens fällt die Leistungsbereitschaft nach 22 Uhr rapide ab und steuert auf ihren absoluten Tiefpunkt gegen 3 Uhr morgens zu. Wer also gern bis in die Nacht arbeitet oder sich dort am kreativsten fühlt, hat von Seiten des Körpers nicht den wirklichen Rückhalt. Sehr wahrscheinlich klappt es hier nur deshalb besser, weil so viele ablenkende Störfaktoren des Tages wegfallen. Und da man selbst insgesamt auch noch ruhiger wird, geht man spontanen Ideen nicht mehr gleich nach. Für einen vergessenen Einkauf oder Geburtstagsanruf ist es eh zu spät. Und der Sport kann bis morgen warten. Solche Überlegungen sind es dann in Wirklichkeit, die für eine andere Konzentration sorgen, aber wirklich leistungsbereit ist Ihr Gehirn zu diesen Zeiten nicht.

> ☺ **Gut zu wissen!**
>
> Legen Sie daher wichtige oder anstrengende Tätigkeiten möglichst in die Zeitfenster mit der höheren Leistungsbereitschaft. Wenig Aufmerksamkeit erfordernde Dinge (z.B. Karteikarten anlegen, Organisatorisches, Bücher ausleihen, kopieren) und größere Pausen gehören besser in die übrige Zeit.

Dieser Biorhythmus wirft noch ein paar andere Annehmlichkeiten ab: Die Schmerzempfindlichkeit ist in der späten Nachmittagshälfte am geringsten. Hier passt der Zahnarztbesuch gut hin. Am meisten Wachstumshormone werden zwischen 17 und 20 Uhr freigesetzt. Wenn schon Sport, dann doch am besten hier. Und von 19 bis 21 Uhr sind Geruch und Geschmack hochsensibel. In dieser Zeit wünsche ich „Guten Appetit"!

1.3.3.5 Finden Sie Ihren eigenen Rhythmus

Nehmen Sie die zeitlichen Vorgaben insgesamt nicht zu eng, aber versuchen Sie ruhig, sich daran grob zu orientieren. Sie erreichen dann einen ausgewogenen Tagesablauf und können täglich mit einer guten Portion Leistungsfähigkeit rechnen. Sollten Sie festgestellt haben, dass Sie sich tagsüber stark ablenken lassen, mag es leichter sein, nachts zu lernen, auch wenn der Körper nicht die optimale Leistungsbereitschaft zeigen kann. Oder Sie arbeiten an Ihrer Ablenkbarkeit und Konzentrationsfähigkeit. Probieren Sie es einmal mit den in 2.3 genannten Hinweisen zum Thema „Motivation".

Beachten Sie für Ihren eigenen Rhythmus gerade auch die vorgegebenen äußeren Einschränkungen, die nämlich Ihre Zeitfenster für das Lernen und Arbeiten mitbestimmen: Würden Sie beispielsweise Ihr Kind um 16 Uhr abholen und es bis 20 Uhr betreuen, dann fällt dies eigentlich in eine der beiden aktiven Phasen. Und auch dann, wenn Sie zu dieser Zeit arbeiten können, würde die vielleicht um 17 Uhr nach Hause kommende Partner*in eine Störung bedeuten. Planen Sie diese Dinge daher ein und legen Sie Ihre Zeitfenster entsprechend, damit Ihr Vorhaben trotzdem untergebracht ist. Sie arbeiten in jedem Fall ruhiger, wenn Ihr Kind schläft und legen besser bewusst eine Pause ein, um die Partner*in begrüßen zu können.

Und wie auch für das regelmäßige Arbeiten an festen Orten gilt die Möglichkeit, sich zu konditionieren, auch für Zeiten: Wenn Sie jeden Tag etwa zur selben Zeit mit dem Lernen beginnen und auch aufhören, dann gewöhnen sich Ihr Körper und das Gehirn an diese Rhythmik und schalten jedes Mal leichter um. Sie merken das daran, dass die Überwindung zum Arbeiten dann nicht mehr so viel Kraft kostet. Stattdessen kann sich eine aktivierende „Unruhe" ausbreiten, damit Sie produktiv werden. Achten Sie insgesamt darauf, dass Ihnen eine eindeutige Trennung von Arbeit – Pause – Essen – Freizeit – Schlaf gelingt. Stellen Sie sich dafür jemanden vor, der Sie nicht kennt: Ist dieser in der Lage zu erkennen, was Sie gerade tun? Würde das gelingen, haben Sie auch für sich klare Signale gegeben, die es Ihrem Körper leichter machen, sich auf die jeweilige Sache einzustellen.

© Gut zu wissen!

Dies können Ihre nächsten Schritte sein:

[1] Überschlagen Sie grob, wie viele Semester Sie (noch) für das Studium brauchen. (Studienplan)

[2] Überlegen Sie, was der grobe Studienplan konkret für dieses Semester bedeutet: Welche Aufgaben (Module, Referate, Hausarbeiten, Prüfungen) sind zu erledigen? (Semesterplan)

[3] Kopieren Sie den leeren Wochenplan (Kap. 8: Anhang) vergrößert auf DIN-A4 und tragen Sie ein, wann die Aufgaben aus Schritt 2 ein regelmäßiges Zeitfenster bekommen, um

realistisch und regelmäßig angegangen zu werden. So rutscht Ihnen nichts weg!

[4] Erledigen Sie die pro Tag anstehenden Aufgaben. (Tagesplan)

1.4   Entspannungsübung „Atem-Zähl-Übung"

Zu Beginn von Teil 1 dieses Buches finden Sie eine Beschreibung, wie Entspannung eigentlich wirkt und warum man sie auch gegen Prüfungsangst nutzen kann. Es empfiehlt sich, diese vorab zu lesen und dann erst an dieser Stelle mit der konkreten Übung fortzufahren, weil Sie dann den Zusammenhang und die Anweisungen besser verstehen.

1.4.1   Das Besondere an dieser Übung

Hinter dieser Entspannungsmethode verbirgt sich tatsächlich genau so viel, wie ihr Name schon andeutet: Sie zählen Ihre Atemzüge. Eine entspannte Grundhaltung entsteht durch die Ablenkung der stressigen Gedanken auf eine simple Aufgabe und auf den eigenen Körper. Sie sollen dazu Ihre Atemzüge beobachten und beim Zählen vor allem richtig zählen und nichts vergessen. Sie müssen sich also schon konzentrieren und richten Ihre Aufmerksamkeit auf etwas absolut Konkretes.

1.4.2   Die Übung

Abb. 12: Grundhaltung für
Entspannungsübungen

Stellen Sie sich innerlich darauf ein, dass Sie sich entspannen wollen. Nehmen Sie dazu die für viele Entspannungsübungen geltende **Grundhaltung** ein, indem Sie sich auf einem Stuhl möglichst bequem hinsetzen. Lehnen Sie sich dazu mit dem Rücken an, stellen Sie beide Füße auf die Erde und legen Sie die Hände in den Schoß. Schließen Sie die Augen oder gucken Sie vor sich auf den Boden. Nehmen Sie ein paar tiefe Atemzüge, indem Sie einatmen und langsamer wieder ausatmen. Jetzt können Sie mit der Übung beginnen.

Nehmen Sie zunächst wahr, wie Ihr Körper gerade atmet. Ohne Ihr Zutun atmen Sie ganz automatisch in einem bestimmten Tempo und mit einer bestimmten Tiefe. Es geht nur darum, genau das zu registrieren. Dabei machen Sie sich bewusst, dass jeder Atemzug wie aus zwei Teilen besteht: dem Einatmen und dem Ausatmen. Ein Atemzug ist also fertig, wenn Sie ausgeatmet haben. An dieser Stelle beginnen Sie mit „eins" und zählen dann jeweils weiter. Denn es folgt ein neuer Atemzug mit dem Ein- und dem Ausatmen. Sollten Sie nicht mehr wissen, wo Sie gerade schon waren, dann nehmen Sie die Zahl, an die Sie sich noch sicher erinnern oder die Sie schon gehabt haben müssen. Es macht ja nichts, wenn Sie etwas weiter vorn von neuem beginnen, denn dann entspannen Sie ja nur ein bisschen länger. Das kann ja nicht schaden. Wenn Sie bei einer vorher festgelegten Zahl angekommen sind, genießen Sie noch einen Moment diesen angenehmen Zustand, öffnen dann die Augen und strecken sich. Nun kann es mit dem weitergehen, was Sie für diese kleine Pause unterbrochen hatten.

Bestimmen Sie die **Dauer einer Entspannungsübung** ganz einfach durch das Festsetzen der letzten zu denkenden Zahl. 10–15 Atemzüge sind etwa 1 Minute. Bereits 2–3 Minuten bewirken eine deutliche Entspannung.

☺ Gut zu wissen!

Die Übung hat funktioniert, wenn Sie insgesamt ruhiger geworden sind und die letzten Atemzüge eher länger dauerten. Wenn es vorgekommen ist, dass Sie zwischendurch einen tieferen Atemzug (so wie eine Art Stöhnen) genommen haben, dann hat das die Entspannung sogar beschleunigt.

1.4.3   Mögliche Folgen

Manche mögen diese Übung nicht, weil sie merken, dass sie nicht nur auf die Atmung achten, sondern auf einmal ganz bewusst und damit kontrolliert zu atmen beginnen. Eine in diesem Zusammenhang benutzte Formulierung beschreibt die eigentlich automatisch ablaufende Atmung deshalb auch mit den Worten „es atmet mich". Dies macht noch mal deutlich, dass nicht ich es bin, der selbst aktiv atmet. Wenn Sie das aber bei der Übung nicht verändern können, dann probieren Sie einmal die Entspannungsübungen der Kapitel 2 und 4, die ganz anders funktionieren.

Sollten Sie Müdigkeit oder Schmerzen erst während der Entspannung bemerken, so sind diese nicht durch die Übung erzeugt, sondern sie werden zum ersten Mal bewusst wahrgenommen.

1.4.4 Entspannen – so oft Sie wollen

Ihr Körper muss erst lernen, was Sie eigentlich mit dieser für ihn zunächst „komischen Übungen" vorhaben. Obwohl es spontan immer guttut, nutzen Sie besser auch hier den mittelfristigen Lernvorgang der Konditionierung: Je häufiger Sie genau die eine Übung auf dieselbe Art und Weise machen, umso stärker verselbständigt sich der Entspannungsvorgang. Also machen Sie die Entspannungsübung wann immer Sie Lust dazu haben oder Sie gerade eine Entspannung brauchen. Das kann z.B. jede kleine Pause sein. So begreift nach mehrmaligen Durchgängen auch der Körper, dass er sich wirklich entspannen darf und Sie ihn dabei aktiv unterstützen.

1.5 Welche Personen unterstützen mich?

In anstrengenden Zeiten ist es besonders wichtig, vertraute Menschen um sich zu wissen, von denen man Hilfe erwarten kann, wenn man sie braucht. Bei dem Vorhaben, zu Lernen und Prüfungen zu bestehen, geht es darum, auch moralische Unterstützung zu erfahren. Dies ist nicht mit einem Spruch „Du schaffst das schon" getan, sondern es geht darum, wirklich getragen und gestärkt zu werden. Hilfreich sind in dieser arbeitsintensiven Zeit damit vor allem solche Menschen, denen es durch ihre Art gelingt, unsere Stärken zu betonen und uns genau das zu geben, was gerade am meisten guttut. Denn das kann das Selbstwertgefühl stärken und mit einem guten Selbstwert gelingen Prüfungen grundsätzlich besser. Bei hohen Leistungserwartungen oder Perfektionismus können andere dabei behilflich sein, diese zu relativieren. Deshalb ist es wichtig zu wissen, wer diese Personen in meinem Umfeld eigentlich sind. Dazu möchte ich Ihnen einmal aufzeigen, auf welche Art andere hilfreich sein können und wo aber auch die Gefahr lauert, dass Sie Ihren gerade mühsam gewonnenen Mut wieder verlieren.

Kommiliton*innen

In Bezug auf die eigene Prüfungsvorbereitung kann der Kontakt zu Kommiliton*innen eine wichtige Hilfe sein, aber er kann sich ebenso zu Ihrem Nachteil entwickeln. Ein großer Vorteil beim Lernen kann eine Lerngruppe sein. Sie ersetzt natürlich nicht das individuelle Bearbeiten des Stoffes und das Lernen, aber sie kann die typischen Vorteile von Gruppenarbeit bewirken: Hierzu gehören Kontakt und Motivation, gegenseitige Unterstützung, man kann seinen Wissenstand vergleichen und man kann Fragen unmittelbar beantworten und Fehler korrigieren. Dies sollte idealerweise auf Gegenseitigkeit beruhen. Und genau da liegen mögliche Nachteile verborgen. Denn die Gruppe kann sich so entwickeln, dass Sie den anderen häufig helfen, aber selbst im Gegenzug keine Unterstützung bekommen. Sie können dadurch zwar das Feedback bekommen, dass Sie viel wissen und immer helfen können, doch Ihre eigenen Lücken werden dabei nicht erkannt und Ihre Fehler können nicht korrigiert werden. Dadurch entsteht häufig ein typisches Prüfungsergebnis: Ihre erreichten Punkte fallen schlechter aus als bei den übrigen Lerngruppenmitgliedern, obwohl diejenigen häufig Fragen stellen mussten und von Ihnen die richtigen Antworten bekommen haben. Es entstand der fälschliche Eindruck, dass Sie bereits genug wissen und damit ruhig in die Prüfung gehen können. Tatsächlich waren es die anderen, die ihre Lücken verbessert haben. In einer in Bezug auf den Wissenstand eher gemischten Gruppe sind die Rollen dagegen abwechslungsreich: Irgendjemand versteht immer mal was nicht und wiederum irgendjemand aus der Runde weiß vielleicht die Lösung. Versuchen Sie daher die Lerngruppe so zu gestalten, dass eine Atmosphäre entsteht, in der Sie sich alle gegenseitig auf dem Weg durch die Prüfungen begleiten wollen – niemand soll auf der Strecke bleiben.

Noch in einem anderen Zusammenhang sind Kommiliton*innen wichtig. Es geht um die Weitergabe von Informationen über Prüfer*innen, zum Ablauf von Prüfungen und zu den Prüfungsinhalten. Hat jemand selbst schon eine Prüfung hinter sich, kann dieser durchaus als seriöser Informand gelten. Sie können sich bei mündlichen Prüfungen einen Eindruck von der Haltung und Vorgehensweise der Prüfer*in schildern lassen. Natürlich ist es auch sinnvoll zu wissen, welche

Fragen gestellt wurden. Beachten Sie dennoch, dass es sich um eine einzelne, ganz persönliche Prüfungserfahrung handelt. Schließen Sie nicht automatisch von dieser Einzelerfahrung auf den Ablauf Ihrer eigenen Prüfung, sondern nehmen Sie es als einen möglichen Eindruck. In Ihrer Prüfung kann die Prüfer*in in einer anderen Verfassung sein, denn auch Prüfer*innen sind nur Menschen und können in ihrer Stimmung von persönlichen Dingen beeinflusst sein. Auch die Chemie zwischen Ihnen beiden kann besser oder schlechter sein, etwa weil Sie mehr Vorbereitungsgespräche genutzt und Interesse am Thema gezeigt haben. Letztendlich kann durch Ihre Antworten auf Prüfungsfragen Ihre Prüfung einen ganz anderen Verlauf bekommen.

Diese zwischenmenschliche Dynamik tritt bei schriftlichen Prüfungen nicht auf, sodass mit Klausuren anders umgegangen werden kann. Es hilft, ehemalige Klausuren als Übungsmöglichkeit zu nutzen. Es geht nicht darum, dass genau dieselben Inhalte drankommen, sondern dass Sie das grundsätzliche Vorgehen beim Lösen und Schreiben einer Klausur trainieren. Gibt es mehrstündige Klausuren oder etwa Multiple-Choice-Klausuren, dann übt man außerdem, so lange durchzuhalten, oder trainiert die besondere Denkweise, die hinter Multiple-Choice-Antworten steht.

Eltern

Bei den meisten Eltern kann man grundsätzlich davon ausgehen, dass sie für ihr Kind das Beste wollen und deshalb alles ihnen Mögliche versuchen, dass Prüfungsvorbereitungen und die Prüfungen selbst gut gelingen. Leben sie nicht in derselben Stadt, kann die Unterstützung hauptsächlich nur moralischer Art sein. Daneben spielt häufig finanzielle Entlastung eine große Rolle, wenn es zeitlich für einen Nebenjob eng wird. Schön, wenn Eltern da einspringen können. Für eine Idee möchte ich Sie unbedingt im Vorfeld sensibilisieren: Sie könnten die wichtige Lernphase bei Ihren Eltern verbringen, weil die Ihnen anbieten, dass Sie sich um nichts kümmern brauchen. Klingt verlockend, wenn man nicht einkaufen, kochen oder putzen muss und auch Freund*innen mit ihren spontanen Verabredungen nicht mehr ablenken. Sie haben damit viel mehr Zeit zum Lernen. Was kann dabei schieflaufen? Die Eltern können zum wandelnden schlechten Gewissen werden, weil Sie jede Minute, in der Sie nicht lernen, durch die Eltern daran erinnert werden. Oder die Eltern haken regelmäßig nach, ob man wirklich genug getan hätte und es sich erlauben könne, mit ihnen gemeinsam vor dem Fernseher oder im Garten zu sitzen. Schließlich sei man ja extra hier, um mehr Zeit zum Lernen zu haben. Der Misserfolg ist vorprogrammiert: Sie haben ein schlechtes Gewissen, auf Kosten Ihrer Eltern trotzdem zu wenig zu lernen. Wenn Sie ohnehin schon verunsichert sind, ob Sie genug für eine Prüfung tun, bleibt vor allem eine demotivierende Unzufriedenheit mit dem eigenen Arbeitspensum. Am Ende des längeren Elternbesuchs werden Sie mit einem sicheren Ergebnis nach Hause fahren: Ich habe viel weniger geschafft, als wenn ich bei mir allein gelernt hätte. Überlegen Sie vorher, ob dieser Besuch Ihnen wirklich mehr Freiraum zum Lernen verschafft oder ob es nicht gerade gut ist, allein zu sein und ansonsten Partner*in und Freund*innen in der Nähe zu wissen, die für gesunden Ausgleich und gezielte Ablenkung sorgen.

Freund*innen und Bekannte

Wenn es vor einer Prüfung zeitlich eng wird, merken dies gute Freund*innen und Bekannte am direktesten, denn Sie machen sich möglicherweise spürbar rar mit der Begründung, unbedingt noch mehr lernen zu müssen. Das ist gefühlt wahrscheinlich sogar richtig, weil es tatsächlich immer noch etwas zu tun gibt, doch auch Sie brauchen Pausen und Entspannung, um für den nächsten Tag wieder neue Energien zur Verfügung zu haben. Natürlich kann man das auch mit Sport und allein zuhause Abhängen erreichen, doch andere Menschen können uns meistens besser ablenken und auf andere Gedanken bringen. Bei einem Treffen sind zunächst Nachfragen, wie Ihre Prüfungsvorbereitungen laufen, durchaus erlaubt. Sie sollen nämlich von positiven Ergebnissen, die selbstmotivierend wirken, berichten können („Ich komm ganz gut voran – mein Pensum für heute habe ich geschafft.") oder auch Ihren Frust rauslassen dürfen („Dieses Mal sollen die Klausuren noch schwerer sein!"). Es entlastet, diese Dinge mit anderen zu teilen. Doch danach sollte das totale Ablenkungsprogramm beginnen: Je besser Sie nicht mehr an den anstrengenden Tag denken oder sich in die bevorstehende Prüfung hineinsteigern können, umso besser. Streichen Sie solche Aktionen nicht aus Ihrem Zeitplan, sondern nehmen Sie es als notwendigen Ausgleich und als Belohnung für die getätigten Anstrengungen.

Partner*in

Die Partner*in ist bei vielen diejenige, die ganz unmittelbar die persönlichen Höhen und Tiefen mitbekommt und dadurch am meisten mittragen, aushalten und aufbauen muss. Während die einen in ihrer Partner*in einen verständnisvollen Menschen finden, der tröstet, aber auch Mut macht, fühlen sich andere im Lauf der Zeit wie kontrolliert. Diese ungünstige Entwicklung entsteht aus täglichen Misserfolgen auf folgende Weise: Morgens beim Frühstück wird besprochen, was jede*r vorhat und wie die eigene Planung aussieht. Für das Lernen hat man sich ein ziemlich großes Pensum vorgenommen. Da viele sich eher überschätzen, ist am Ende des Arbeitstages der Frust vorprogrammiert, weil längst nicht alles geschafft wurde. Und dann fragt am Abend die Partner*in mit einer eher optimistischen Grundhaltung auch noch nach: „Na, wie war dein Tag?" Zum eigenen Frust kommt nun auch noch die Blamage dazu, weil man ja eingestehen muss, ungenügend gearbeitet zu haben. Dafür hat man nun quasi auch noch einen Zeugen. Der spontane Reflex ist dann, sich morgens gegenüber der Partner*in nicht mehr festzulegen und sich das Ergebnis für das Ende des Lerntages offenzulassen. Damit entgeht Ihnen aber gerade ein möglicher Motivationsschub für den nächsten Tag! Besser ist es, wenn es Ihnen gelingt, morgens ein Vorhaben zu formulieren, welches von Ihnen mit größter Wahrscheinlichkeit erreicht werden kann. Wenn nun die Partner*in am Abend nachhakt, können Sie von Ihrem kleinen Tageserfolg berichten: Das, was ich mir heute vorgenommen habe, habe ich geschafft. Jetzt haben Sie einen Zeugen für ein positives Ergebnis und vielleicht bekommen Sie spontan eine „Belohnung" angeboten. Auf jeden Fall beenden Sie den Tag mit einem positiven Gefühl, was für eine neue Aktion am nächsten Tag motiviert.

Finden Sie anhand dieser Beschreibungen nun heraus, wer in Ihrem Fall die wirklich hilfreichen, unterstützenden Personen in Ihrer Nähe sind und umgeben Sie sich mit ihnen so viel Sie wollen. Menschen, die Ihnen nicht so guttun, sollten Sie in dieser Zeit eher meiden.

2 Und sie rückt einfach immer näher: Die letzten Tage vor der Prüfung ▶

Ich habe viel gelernt – das frische ich jetzt auf, damit ich es parat habe.

Sobald die Anmeldung erledigt ist und ein konkreter Termin oder Prüfungszeitraum festliegt, beginnt die Uhr in Sachen Vorbereitung zu ticken. Zunächst hatte man noch genügend Zeit für die Vorbereitung. Doch die Zeit bis zum eigentlichen Prüfungstermin wird immer weniger und die Gedanken daran, was einen demnächst erwartet und was alles noch nicht bearbeitet wurde, werden bedrohlicher.

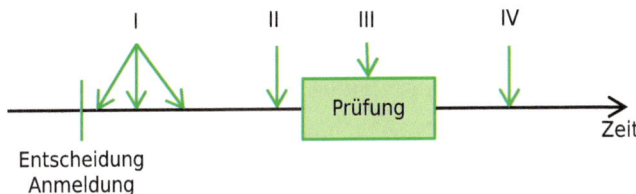

Abb. 13: Die Zeitskala mit den vier wichtigen Zeitpunkten

Viele bemerken spätestens jetzt diese zunehmende Nervosität und den Wunsch, allem lieber aus dem Wege zu gehen – die klassische Vermeidung unangenehmer Dinge. Denn schon jetzt kann man sich auch den Ablauf der Prüfung allein in der Vorstellung schrecklich ausmalen und sich dadurch am systematischen Lernen hindern. Viele hatten noch recht zuversichtlich mit den Vorbereitungen begonnen und konnten sich bisher tatsächlich gut auf die Prüfung vorbereiten. Doch der entscheidende Tag rückt unaufhaltsam näher und dann kann zur angemessenen Anspannung doch noch eine gesteigerte Unruhe oder sogar Panik dazu kommen. Denn die bisher beruhigend wirkende Erklärung, man habe ja noch viel Zeit, kann jetzt natürlich nicht mehr funktionieren. Nun ist es wichtig, sich mit den Gedanken und Fantasien auseinanderzusetzen, die das ruhigere und produktivere Arbeiten in den letzten Tagen so massiv stören. Auf der Zeitskala ist dies der Zeitpunkt II.

2.1   Das erwartet Sie in diesem Kapitel

Aus drei verschiedenen Richtungen kommend können Sie der aufsteigenden Prüfungsangst begegnen:

[1] Zuerst widmen Sie sich intensiver den Stress und Angst auslösenden **Gedanken** während der Phase unmittelbar vor der Prüfung, also die letzten Tage bis hin zu den wenigen Stunden und sogar Minuten davor.

[2] Hinter jeder unserer Aktivitäten verbirgt sich immer auch ein Anlass, genau das jetzt zu tun oder eben gerade nicht zu tun. Dieser Antrieb wird allgemein als **Motivation** bezeichnet. Lernen Sie im Abschnitt Lerntechniken den eher schlichten Mechanismus genauer kennen, um ihn gezielt anzuwenden.

[3] Und als **Entspannungsmethode** lernen Sie eine Kurzform der „Progressiven Muskelentspannung" kennen. Sollte diese mit etwas Körpereinsatz verbundene Art der Minipause nicht so gut zu Ihnen passen, dann finden Sie in den übrigen Kapiteln weitere Methoden zum Ausprobieren.

[4] Zu guter Letzt finden Sie noch erste Hinweise zum Blackout: Sie können nämlich schon ein paar Tage vor der Prüfung (während Sie noch lernen) und auch direkt davor (während Sie warten) ein paar Dinge verändern, die sonst den Blackout während der tatsächlichen Prüfung begünstigen.

2.2   Zeitpunkt 2: Kurz vor der Prüfung

„Seit den letzten zwei Wochen lerne ich jeden Tag für die Prüfung, die nun in zwei Tagen dran ist. Ich habe gedacht, ich wäre ganz gut davor, weil ich das Vorlesungsskript und die angegebene Literatur Stück für Stück durchgearbeitet habe. Ich habe auch Karteikarten angelegt, um besser auswendig zu lernen. Ging irgendwie gut voran. Doch seit gestern bin ich total unsicher, ob das für die Prüfung ausreicht. Ich habe mir dann vorgestellt, welche Fragen der Prüfer stellen könnte und sofort das Gefühl bekommen, dass ich die nicht richtig beantworten kann. Obwohl ich die Sachen dann auch in den Karteikarten wiedergefunden habe, also hab ich's doch gemacht. Seitdem geht es mir nicht mehr aus dem Kopf: was ist, wenn's schiefgeht. Am liebsten würde ich es kurz vorher doch noch absagen."

Die neben dem grünen Balken beschriebene Situation ist eine ganz typische Schilderung, wie es einem gehen kann, wenn nach Wochen des Lernens mit dem Gefühl, eigentlich genug Zeit zu haben, nun die Prüfung unaufhaltsam näher rückt. Und obwohl man tatsächlich einiges gemacht und auch gelernt hat, können so kurz vorher doch noch größere Zweifel und Ängste auftauchen. Das kennen Sie vielleicht auch. Deshalb sollen mithilfe dieses Kapitels Ihre persönlichen Zweifel und Ängste abgebaut werden.

2.2.1   Finden Sie Ihre Selbstverbalisationen

Im Prüfungsangst-Check am Anfang des Buches gab es auch einige Bemerkungen, die Gedanken und Zweifel zu diesem Zeitpunkt ausdrücken. Diese sind hier noch einmal aufgeführt. Gehen Sie diese zunächst Satz für Satz durch und entscheiden Sie möglichst spontan, ob die Bemerkung so auch von Ihnen hätte sein können. Dabei kommt es nicht auf die Formulierung an, sondern auf den Inhalt an sich:

Was denken meine Freund*innen und meine Eltern, wenn ich durch die Prüfung falle? ▶ Ja ☐ Nein ☐

Ich muss so viel Stoff lernen, ich weiß nicht, wie ich das schaffen soll. ▶ Ja ☐ Nein ☐

Wenn ich mir vor dem Einschlafen ausmale, wie die Prüfung abläuft, bekomme ich starkes Herzklopfen. ▶ Ja ☐ Nein ☐

Wenn ich nur an die Prüfer*in denke, wie diese*r so da sitzt, dann werde ich ganz aufgeregt. ▶ Ja ☐ Nein ☐

Verglichen mit den anderen bin ich eher schlecht vorbereitet. ▶ Ja ☐ Nein ☐

Diese Nacht muss ich endlich ausschlafen. ▶ Ja ☐ Nein ☐

Ich habe bestimmt genau das Falsche gelernt und es kommen ganz andere Sachen dran. ▶ Ja ☐ Nein ☐

Ich brauch nur an die Prüfung zu denken, dann habe ich schon feuchte Hände. ▶ Ja ☐ Nein ☐

Beim Lesen muss ich immer an andere Dinge denken, sodass ich mich gar nicht konzentrieren kann. ▶ Ja ☐ Nein ☐

Ich habe viel zu spät angefangen. Das fehlt mir jetzt an Zeit. ▶ Ja ☐ Nein ☐

In der Prüfung krieg ich bestimmt keinen Ton heraus – was mach ich dann bloß?! ▶ Ja ☐ Nein ☐

Und wenn ich eine Frage bekomme, die ich nicht beantworten kann? Was mach ich dann? ▶ Ja ☐ Nein ☐

Wenn ich durchfalle, war das ganze Studium umsonst. ▶ Ja ☐ Nein ☐

Die Beisitzer*in soll ganz nett sein, aber die Prüfer*in guckt nur aus dem Fenster während man antwortet. ▶ Ja ☐ Nein ☐

Hätte ich doch bloß mehr Seminare besucht – jetzt fehlt mir ganz bestimmtes Wissen. ▶ Ja ☐ Nein ☐

Dies sind zwar typische Aussagen von Teilnehmer*innen unserer Gruppen gegen Prüfungsangst. Dennoch kennen Sie vielleicht von sich noch weitere eigene negative Gedanken, die beim Lernen stören oder Sie sogar ganz vom Lernen abhalten? Nehmen Sie sich bitte 10 Minuten Zeit und überlegen, welche dies sind und notieren Sie diese wortwörtlich. Für bis zu sechs eigene Formulierungen haben Sie hier Platz:

❶

❷

❸

❹

❺

❻

2.2.2   Legen Sie Karteikarten an

Übertragen Sie nun die zu Ihnen passenden Bemerkungen auf Karteikarten. Beachten Sie dabei: Für jede Bemerkung legen Sie eine eigene Karte an und die aus dem Prüfungsangst-Check übernommenen Formulierungen müssen dabei noch in eigene Worte umformuliert werden. Und zusätzlich schreiben Sie auf diese negative Seite noch den abschließenden Hinweis: Stopp! Ich will anders darüber nachdenken.

2.2.3   Formulieren Sie negative Gedanken um

Der nächste Schritt ist der wichtigste, denn jetzt sollen für die bisherigen, Sie einschränkenden Gedanken und Äußerungen neue, und das heißt ja vor allem unterstützende Mottos gefunden werden.

Zur Erinnerung sind im Kasten noch mal die Regeln aufgeführt, die Sie dabei beachten müssen (die ausführlichere Erläuterung dazu finden Sie im 2. Kapitel des 1. Teils).

☺ Gut zu wissen!

Regeln zur Umformulierung:

[1] Gleicher Inhalt

[2] Eigene Worte

[3] Positive Formulierung

[4] Realistische Einschätzung

Da es manchmal gar nicht so einfach ist, ein wirklich passendes Gegenstück zu finden, bei dem alle vier Regeln berücksichtigt sind, schauen Sie sich zur Einstimmung doch mal folgende Beispiele aus dem Prüfungsangst-Check an:

Negativ	Unterstützend
Hätte ich doch bloß mehr Seminare besucht – jetzt fehlt mir ganz bestimmtes Wissen.	Ich nehme all das, was ich gemacht habe und damit gehe ich in die Prüfung.
Diese Nacht muss ich endlich ausschlafen.	Ich sorge vor dem Schlaf für einen guten Ausgleich, um abzuschalten. Dann schlafe ich auch besser.
In der Prüfung krieg ich bestimmt keinen Ton heraus – was mach ich dann bloß?	Ich formuliere schon beim Üben die Antworten flüssig und laut. So mache ich es dann auch in der Prüfung.
Was denken meine Freund*innen und meine Eltern, wenn ich durch die Prüfung falle?	Ich weiß, dass meine Freund*innen und meine Eltern hinter mir stehen, was auch immer geschieht.
Und wenn ich eine Frage bekomme, die ich nicht beantworten kann? Was mach ich dann?	Wenn ich die Antwort für eine Frage nicht sofort weiß, bitte ich den Prüfer, sie noch mal anders zu stellen.
Wenn ich mir vor dem Einschlafen ausmale, wie die Prüfung abläuft, bekomme ich starkes Herzklopfen.	Schon beim Lernen stelle ich mir vor, wie eine gute Prüfung ablaufen würde. Vor dem Einschlafen denke ich an etwas Schönes, z.B. an die Belohnung nach der Prüfung.

Tab. 2: Negative Gedanken und passende Umformulierungen

Finden Sie nun für alle Ihre Karteikarten eine solche neue, unterstützende Formulierung anstelle des bisherigen, Angst machenden Gedanken. Schreiben Sie dieses neue Motto auf die noch freie Seite der Karteikarte.

2.2.4   Wie Sie die Karteikarten verwenden

Sie haben jetzt einige vollständige Karteikarten, die eigentlich genauso aussehen wie Karten, die man sich zum Lernen erstellt: Wenn Sie z.B. eine Sprache lernen wollen, dann steht auf der einen Seite das deutsche Wort und auf der Rückseite – zur Erinnerung, als Gedächtnishilfe und zur Wissenskontrolle – das entsprechende Wort in der unbekannten Sprache.

Genau in diesem Sinne benutzen Sie die eben angelegten Karteikarten: Immer, wenn Sie in der entsprechenden Situation tatsächlich sind oder sich diese ausmalen, wird es vorkommen können, dass einer der altbekannten negativen Gedanken Ihnen durch den Kopf geht. Dann suchen Sie unter all Ihren Karten die entsprechende Karte dazu heraus. Sie erkennen die passende Karte natürlich sofort wieder und denken vielleicht „Siehste, da ist es schon wieder!" Aber nun kommt das Neue. Folgen Sie der Aufforderung, die ja zum Glück gleich unten auf der Karte steht: „Stopp! Ich will anders darüber nachdenken!" Und deshalb drehen Sie die Karte jetzt um. Und dort steht ein gut durchdachtes, neues Motto. Widmen Sie sich diesem positiven Motto, stimmen Sie der Aussage innerlich zu und legen dann die Karte zur Seite. Fahren Sie nun mit der Sache fort, von der Sie gerade durch die Gedanken abgehalten wurden, und lassen Sie sich dabei von dem unterstützenden Motto beeinflussen.

So verfahren Sie immer, wenn entsprechende Gedanken aufkommen. Dadurch bieten Sie Ihrer Psyche gleich das neue Motto an und sie wird es mehr und mehr anerkennen als das, wonach sie sich richten will. Sie können sich auch zwischendurch einmal die Karten anschauen. Erkennen Sie dann immer den alten Gedanken als etwas von Ihnen und drehen sofort die Karte um, damit Sie sich vor allem dem neuen Motto widmen können. Malen Sie sich z.B. eine Prüfungssituation in Gedanken aus, in der dieses neue Motto von Ihnen umgesetzt wird. Dies könnte folgendermaßen aussehen: Bisher haben Sie befürchtet, dass Sie in einer mündlichen Prüfung auf eine Frage hin möglicherweise schweigen würden. Ihr neues Motto könnte nun lauten: „Ich versuche, laut zu denken und dabei das Thema, um das sich die Frage dreht, auszuformulieren und kann so zu den konkreten Inhalten kommen. Stellen Sie sich daher in Ihrer Fantasie den Raum, die Prüfer*in und sich selbst dort sitzend vor. In dieser Vorstellung werden Sie etwas gefragt und Sie versuchen nun, Ihr neues Motto anzuwenden und beginnen, tatsächlich laut zu denken. Was passiert dadurch Neues in Ihrer Fantasie? Stellen Sie sich vor, wie Sie sich sprechen hören und wie die Prüfer*in Ihren Ausführungen folgt. Es könnte sein, dass diese*r Sie ergänzt oder korrigiert und Sie sich dadurch immer mehr in Richtung der Antwort bewegen. Wie verändert sich die gesamte Atmosphäre der Prüfung, wenn Sie sich so verhalten? Durch dieses Durchspielen in der Fantasie bieten Sie sich und Ihrer Psyche eine neue Sicht der Dinge an. Damit steigt die Wahrscheinlichkeit, dass etwas in dieser Art eintreten kann.

2.3 Lerntechniken: Motivation

Etwas zu lernen kann über die unterschiedlichsten Motive angeregt sein. Da besteht im Studium grundsätzlich erst einmal die Notwendigkeit zu lernen. Darüber hinauswirken als Motive noch Neugier, Anerkennung, Erfolg und Geltungsbedürfnis, aber genauso eine Angst vor Misserfolg oder vor Strafe. Wunderbar wäre es, wenn von diesen Motiven allein die **positiv anmutenden Motive** genutzt und ausreichen würden, alle anstehenden Aufgaben zu erledigen. Da die Motive aber nur der Motor für den Startschuss sind, brauchen wir zusätzlich auch eine Art Durchhaltevermögen. Denn größere Aufgaben wie beispielsweise eine Abschlussarbeit erfordern kontinuierliches Arbeiten, sodass man sich über einen längeren Zeitraum ziemlich disziplinieren muss, um auch dranzubleiben. Sich hierzu immer wieder zu motivieren, funktioniert grundsätzlich besser, wenn es einen persönlichen Wunsch gibt, der ausreichend reflektiert wurde. Denn Wunsch und Ziel sollten eine persönliche Bedeutung und damit einen gewissen Wert für die eigene Person haben. Das ist etwa dann der Fall, wenn Sie festhalten können: „Ich will diese Prüfungen bestehen, weil ich mit dem Abschluss etwas ganz Bestimmtes vorhabe." Wenn nun auch noch die Erreichbarkeit als einigermaßen realistisch eingeschätzt werden kann, dann entsteht daraus eine **verbindliche Zielintention**. Diese lässt uns gezielter planen und vor allem handeln, weil das Ziel nicht mehr länger abgewogen werden braucht. Einzelne Etappen auf dem Weg zum Ziel werden zwischendurch immer wieder geprüft. Dabei bewerten wir, ob die Etappe das erbracht hat, was wir uns erwartet hatten. Und je häufiger eine Aktion nun auch noch mit einer positiven abschließenden Bewertung endet, desto eher wird sie erneut vorkommen. Schließlich ist es ja eine Bestätigung, dass ein Vorhaben und dessen Umsetzung gut gelungen sind.

2.3.1 Der Motivations-Mechanismus

Schaut man sich an, warum man bestimmte Dinge gern und ohne viel Nachzudenken tut, dann geschieht dies vor allem aus einem Grund: Es führt zu einem positiven Ergebnis. Daher ist es kein Wunder, dass Sie vielleicht eher ins Kino gehen, sich mit einer Freund*in zum Kaffee treffen, oder joggen gehen würden, als sich dem Arbeiten zu widmen. Denn alle diese Dinge sind weniger anstrengend, machen eher Spaß und tun irgendwie gut. Beim Lernen kann viel schneller ein negatives Ergebnis entstehen. Da hat man nicht so viel geschafft wie geplant. Oder man hat sich angestrengt und trotzdem die Lösung für eine Aufgabe nicht gefunden. Wenn Dinge so enden, dann ist es nachvollziehbar, dass man sich am nächsten Tag nicht gerade hochmotiviert erneut in die Arbeit stürzt. Die Psyche merkt sich, dass an der Sache ein deutlicher Haken war und versucht daher, besser funktionierende Aufgaben zu finden. So kann dann sogar das Putzen von Küche und Bad befriedigender sein als das nicht enden wollende Brüten über den Büchern. Denn mit dem Putzen hat man wenigstens etwas geschafft. Zurück bleibt dennoch das Gefühl, der eigentlichen Aufgabe ausgewichen zu sein.

Wenn also Dinge gern gemacht werden, weil sie positiv enden, dann können wir diesen Mechanismus für uns nutzbar machen, indem wir das Ganze quasi umdrehen. Der so einfach erscheinende Motivationsmechanismus setzt sich aus drei Schritten zusammen. Die zeitliche Reihenfolge ist damit auch vorgegeben:

☺ Gut zu wissen!

Der Motivations-Mechanismus:

[1] Festlegen des Ziels

[2] Erreichen eines Ergebnisses

[3] Belohnung

Schauen Sie einmal, wie sich diese drei Schritte eigentlich in dem Beispiel „Kaffeetrinken mit einer Freundin" wiederfinden lassen:

[1] Festlegen des **Ziels**: Ich bin um 16 Uhr mit Andrea im „Café Abendrot" zum Plaudern verabredet.

[2] Erreichen eines **Ergebnisses**: Seit einer guten Stunde sitzen wir hier. Ich hab von meinem gerade so anstrengenden Studium erzählt und Andrea hatte die Idee, dass wir mal ein Wochenende an einen See fahren könnten. Ihre Eltern hätten dort eine Art Sommerhäuschen.

[3] **Belohnung**: Das Café hat eine tolle Atmosphäre, das Plaudern tat irgendwie gut und wir haben einen super Plan geschmiedet, im Laufe des Sommers ein Wochenende zu verreisen. Das war ein netter Nachmittag.

Es ist also kein Wunder, dass Sie sich beim nächsten Anruf von Andrea freuen, wenn sie wieder ein Kaffeetrinken vorschlägt. Darüber brauchen Sie nicht lange nachzudenken, indem Sie die letzten Treffen mit Andrea einer grundsätzlichen Analyse unterziehen. Man kann dem spontan einfach nur zustimmen. Schließlich ist die Wahrscheinlichkeit ziemlich groß, dass es wieder ein netter Nachmittag wird.

☺ Gut zu wissen!

Ein gut formuliertes Ziel:

[1] ist konkret in Bezug auf Zeit, Ort und Inhalt,

[2] ist erreichbar,

[3] endet mit einem positiven Gefühl.

Im Sinne der Psyche ist ein Paket geschnürt worden, dass sich insgesamt gut anhört, vor allem gut anfühlt. Schnüren Sie solche Pakete gerade dann, wenn es um anstrengende Aufgaben geht oder solche, die Sie schon länger vor sich herschieben. Dazu werden Sie im ersten Schritt möglichst konkret in Bezug auf Zeit, Ort und Inhalt.

Jetzt muss noch eine **Belohnung** festgelegt werden, die nach Erreichen des Ziels passieren wird. Diese ist immer angemessen zum Umfang der Aufgabe. Und dann können Sie wie geplant loslegen. Ein Beispiel dazu wäre: Sie müssen eine schweren, 50 Seiten langen Text lesen. Der Text hat eine 5-seitige Einleitung, drei Kapitel mit je 5–10 Seiten und ein abschließendes Kapitel mit 10 Seiten. Die beste Chance für den Text, von Ihnen gelesen zu werden, besteht beispielsweise durch folgendes konkrete Vorhaben:

[1] Festlegen des Ziels: Ich lese heute Vormittag von 10–12 Uhr in der Bibliothek die Einleitung und das erste Kapitel des Textes.

[2] Ich versuche nun, genau dieses Ziel zu erreichen.

[3] Belohnung: Ich gehe mit einer Kommiliton*in essen und zum Nachtisch gibt es einen Kaffee auf der Mensa-Terrasse.

2.3.2   Lieber viele kleine Erfolgserlebnisse als nur ein großes

Haben Sie eine größere Aufgabe vor sich, bei der ein 50 Seiten langer Text nur ein kleiner Baustein wäre, dann unterteilen Sie die große Aufgabe in kleine, strukturell oder inhaltlich sinnvolle Arbeitsschritte. Es ergeben sich so ein **längerfristiges Ziel** und durch die Unterteilung auch **kurz- und mittelfristige Ziele**. Sie müssen nun nicht ewig warten, bis Sie etwas erreicht haben, denn zwischendurch schaffen Sie einzelne Etappen und können diese als erledigt betrachten und abhaken. Die kleinen Erfolgserlebnisse ermutigen, davon noch mehr zu erreichen. Und je näher es dem Ende zugeht, desto motivierter werden Sie noch einmal, weil eine Art „Endspurt" Sie noch schneller den Erfolg und das damit zusammenhängende gute Gefühl erleben lässt.

☺ Gut zu wissen!

Dies können Ihre nächsten Schritte sein:

[1] Sammeln Sie einmal alle kleinen und größeren Dinge, die Sie gerne tun, z.B. Kaffeetrinken auf dem Balkon, Eis essen, ins Kino gehen, ein paar Stunden am Badesee verbringen, ein Wochenende lang Freund*innen besuchen.

[2] Überlegen Sie, welche Arbeitsleistung im Verhältnis passend zu den gefundenen Belohnungen wäre: 1–2 Stunden lesen = Kaffeetrinken und am Ende eines 8-Stunden-Unitages = Eis essen gehen.

[3] Wenn Sie jetzt eine konkrete Aufgabe erledigen müssen, suchen Sie eine angemessene Belohnung aus und erledigen dann das geschnürte Paket „Aufgabe + Belohnung".

2.4 Entspannungsübung „Kurzform Progressive Muskelentspannung"

Zu Beginn des 1. Teils dieses Buches finden Sie eine Beschreibung, wie Entspannung eigentlich wirkt und warum man sie auch gegen Prüfungsangst nutzen kann. Es empfiehlt sich, diese vorab zu lesen und dann erst an dieser Stelle mit der konkreten Übung fortzufahren, weil Sie dann den Zusammenhang und die Anweisungen besser verstehen.

2.4.1 Das Besondere an dieser Übung

Ursprünglich ist die von Jacobsen entwickelte „Progressive Muskel-Relaxation" ein halbstündiges Entspannungstraining mit 16 aktivierten Muskelgruppen der sog. willkürlichen Muskulatur. Dazu gehören alle Muskeln, die von uns bewusst benutzt werden können. Sie lernen hier eine wirkungsvolle, kürzere Variante „für Zwischendurch" kennen.

☺ **Gut zu wissen!**

Bei dieser Übung werden Sie im Sitzen körperlich aktiv und machen etwas ganz Konkretes. Sie spannen nämlich die Muskeln in den Armen, Beinen und Gesicht an. Auch Ihre Atmung spielt eine Rolle. So müssen Sie sich nichts in Gedanken vorstellen oder mithilfe von Suggestionen versuchen, sich zu beeinflussen.

Diese Form gefällt vielen Menschen, die nicht einfach nur Dasitzen wollen, um irgendwie ruhiger und entspannter zu werden, während aber die Gedanken trotzdem weiter um andere Dinge kreisen. Sollte Ihnen die Übung aber nicht gefallen, dann finden Sie in den anderen Kapiteln noch weitere Übungsvorschläge.

Ein weiterer Vorteil ist, dass die Übung im Sitzen durchgeführt wird. Sie brauchen also zuhause und an jedem ungestörten Arbeitsplatz keinen sauberen Fußboden oder eine Matte, um sich hinzulegen. Leider passt die Übung nicht für alle der vielen Momente im Sitzen (z.B. in Öffentlichen Verkehrsmitteln oder im Wartezimmer beim Zahnarzt), wo Sie automatisch die Zeit dazu hätten – Sie werden gleich verstehen, warum, wenn Sie die einzelnen Elemente der Übung kennenlernen. Übrigens kommt man im Sitzen auch gar nicht erst auf die Idee, diese Übung zum Einschlafen zu benutzen. Denn Sinn und Zweck sollen ja Ausgleich und Entspannung sein und nicht ein kräftemäßiges Abbauen und ein der Müdigkeit Nachgeben.

Der eigentliche Übungsablauf besteht immer aus den **drei Phasen Aufmerksamkeit – Anspannung – Loslassen.** Und nun kann es mit dem Einnehmen der Grundhaltung losgehen.

Abb. 14: Grundhaltung für
Entspannungsübungen

Stellen Sie sich innerlich darauf ein, dass Sie sich entspannen wollen. Nehmen Sie dazu die für viele Entspannungsübungen geltende Grundhaltung ein, indem Sie sich auf einem Stuhl möglichst bequem hinsetzen. Lehnen Sie sich dazu mit dem Rücken an, stellen Sie beide Füße auf die Erde und legen Sie die Hände in den Schoß. Schließen Sie die Augen oder gucken Sie vor sich auf den Boden. Nehmen Sie ein paar tiefe Atemzüge, indem Sie einatmen und langsamer wieder ausatmen. Jetzt können Sie mit der Übung beginnen.

2.4.2 Die Übung

Bevor Sie beginnen können, schauen Sie sich die sechs einzelnen Elemente der Übung einmal an (Beine, Knie, Hände, Ellenbogen, Gesicht, Atmung), damit diese Ihnen schon etwas vertraut sind, wenn Sie die Übung tatsächlich durchführen. Denn dann sollen alle sechs Körperregionen gleichzeitig angespannt werden. Dies sind die einzelnen Elemente:

[1] Richten Sie die Aufmerksamkeit auf Ihren Körper.

[2] Beine: Strecken Sie die Beine und drücken die Zehenspitzen Richtung Boden, um die Waden anzuspannen.

[3] Knie: Drücken Sie die Knie durch, um die Oberschenkel anzuspannen.

[4] Hände: Machen Sie mit beiden Händen eine Faust, um Finger, Hände und Unterarme anzuspannen.

[5] Ellenbogen: Beugen Sie beide Ellenbogen, indem Sie die Unterarme in Richtung Oberarme drücken (um die Oberarme wie ein Bodybuilder in Pose anzuspannen).

[6] Gesicht: Runzeln Sie die Stirn, schließen und kneifen die Augen zusammen, pressen Sie die Lippen aufeinander und drücken die Zunge gegen den Gaumen.

[7] Atmung: Atmen Sie tief ein und halten die Luft an. Drücken Sie die Luft nach unten, als wollten Sie einen Bauch machen.

[8] Sieben Sekunden lang spannen Sie alles gleichzeitig an und halten die Spannung.

[9] Lassen Sie alles wieder locker und nehmen Sie den Unterschied zwischen der Anspannung und der angenehmen Entspannung wahr. Lassen Sie sich dafür eine halbe Minute Zeit.

[10]   Ende der Übung: Öffnen Sie die Augen, strecken Sie sich oder stehen Sie ruhig kurz auf.

Machen Sie drei solcher Durchgänge mit Anspannung aller Muskeln und dem deutlichen Wahrnehmen eines Unterschieds zwischen Anspannung und Entspannung. Dies führt zu einem deutlichen Entspannungseffekt und ist ein guter Kontrast zum Stillsitzen am Schreibtisch.

2.4.3   Mögliche Folgen

Haben Sie bereits in einem der beteiligten Körperteile Schmerzen, dann lassen Sie diesen Teil aus. Sollten Sie Müdigkeit oder Schmerzen erst während der Entspannung bemerken, so sind diese nicht durch die Übung erzeugt, sondern sie werden zum ersten Mal bewusst wahrgenommen.

2.4.4 Entspannen – so oft Sie wollen

Ihr Körper muss erst lernen, was Sie eigentlich mit dieser für ihn zunächst „komischen Übungen" vorhaben. Obwohl es spontan immer guttut, nutzen Sie besser auch hier den mittelfristigen Lernvorgang der Konditionierung: Je häufiger Sie genau die eine Übung auf dieselbe Art und Weise machen, umso stärker verselbständigt sich der Entspannungsvorgang. Also machen Sie die Entspannungsübung, wann immer Sie Lust dazu haben oder Sie gerade eine Entspannung brauchen. Das kann z.B. jede kleine Pause sein. So begreift nach mehrmaligen Durchgängen auch der Körper, dass er sich wirklich entspannen darf und Sie ihn dabei aktiv unterstützen.

2.5 Der Blackout – Teil 1

Sie wundern sich vielleicht, dass Sie bereits an dieser Stelle etwas zum Thema Blackout finden? Schließlich ist es doch ein Phänomen, welches erst in der tatsächlichen Prüfung passieren kann? Genau deshalb wird das Phänomen dort auch erst später (im Kapitel 4.2 „Zeitpunkt 3: In der Prüfung") grundsätzlich beschrieben.

Aber es gibt ein paar Dinge, die Sie schon jetzt tun und lassen sollten, um nicht ein erstes Fundament für einen Blackout zu legen. Das ist unabhängig davon, ob Sie sich auf eine Klausur oder eine mündliche Prüfung warten.

Was ist günstig, damit kein Blackout entstehen kann?

> ☺ **Gut zu wissen!**
>
> »   Tipp 1 | Lernen Sie die letzten Tage vorher nichts Neues mehr
> – dies verdrängt sonst aufgrund seiner gefühlten Wichtigkeit
> die Basics, die wochenlang geübt wurden.
>
> »   Tipp 2 | Jetzt bloß nicht mehr die anderen fragen: „Wie weit
> bist du? Hast du xyz verstanden? Das brauchen wir doch
> nicht, oder?" Bleiben Sie bei Ihrem bisherigen Lernplan.

» Tipp 3 | Direkt vor der Prüfung: Suchen Sie sich eine ruhige Ecke, wo Sie alleine sind. So können Sie nämlich nicht mit anderen über das sprechen, was gleich kommt.

» Tipp 4 | Statt mit anderen über die Prüfung reden: machen Sie Ihre eigene, bewährte Entspannungsübung (die müssen Sie natürlich vorher häufig genug praktiziert haben, damit sie jetzt im Ernstfall funktioniert).

» Tipp 5 | Sagen Sie sich im Stillen einen motivierenden Satz, den Sie schon vorher gefunden und häufig gedacht haben, z.B. „So, ich habe dafür lange gelernt und jetzt versuche ich hier, mein Wissen anzuwenden.“

Und wie sieht es aus, wenn der Blackout doch während der Prüfung passiert? Dazu finden Sie Hilfen in „Blackout – Teil 2“ auf S. 153.

3 Wie Sie Ihre Angst unmittelbar vor einer Prüfung reduzieren können ▶

> Genau auf diesen Tag habe ich hingearbeitet.
> Jetzt versuche ich, mein Wissen anzuwenden.

Bevor Sie sich mit der Angst in Prüfungssituationen beschäftigen, möchte ich Ihnen noch eine erst kürzlich gefundene und wissenschaftlich überprüfte, hilfreiche Technik vorstellen, mit der Sie unmittelbar vor einer Prüfung Ihre Angst nachweislich reduzieren können.

Viele Prüflinge stellen nach einer Prüfung fest, dass sie eigentlich mehr gewusst haben und ihre Leistung nicht wirklich zeigen konnten. Stattdessen haben sie aufgrund von Ängsten und Selbstzweifeln schlechter abgeschnitten. Ärgerlicher Weise spiegelt damit das Prüfungsergebnis überhaupt nicht den tatsächlichen Kenntnisstand wider. Dieser Widerspruch zwischen vorhandenem Wissen und Prüfungsergebnis ist einigen schon zu Schulzeiten begegnet: Da hat nämlich eine Lehrer*in durch die bisherige mündliche Mitarbeit einen Eindruck vom Wissensstand der Schüler*in. In einer gerade schlecht verlaufenden, mündlichen Prüfung fällt dann möglicherweise der Kommentar, der eigentlich Mut machen soll: „Komm, das kannst du doch! Ich weiß, dass du das weißt!" Und die Schüler*in kann innerlich zustimmen, denn auch diese*r schätzt es so ein, dass die gerade erforderliche Lösung unter normalen Umständen parat gewesen wäre.

In einer wissenschaftlichen Studie (Ramirez & Beilock, 2011) zeigte sich nun, dass Teilnehmer*innen, die sich kurz vor einem als schwer angekündigten Test auf eine vorgegebene Art und Weise beschäftigten, damit ihre Leistungen in dieser Stresssituation um 5 % steigern konnten (im Vergleich zu einem vorher in Ruhe durchgeführten Vergleichstest). Jene aber, die einfach nur auf den Testbeginn warteten, wurden durch den Stress um 12 % schlechter. Worin bestand nun die vorgegebene Aufgabe, die dieses Ergebnis hervorrief? Wer sich angesichts der bevorstehenden, stressigen Aufgabe kurz vor der Bearbeitung die Zeit nahm, seine Bedenken zu notieren, hatte scheinbar nun den Kopf frei, sein vorhandenes Wissen anzuwenden und damit zu einer besseren Lösung zu kommen. Ich will Ihnen das etwas genauer erläutern.

☺ **Gut zu wissen!**

Die wichtige, neue Erkenntnis lautet: Unmittelbar vor einer Prüfung seine Ängste, Sorgen und Zweifel niederzuschreiben, verbessert die Prüfungsleistungen.

Erstaunlicherweise genügen für das Niederschreiben von Zweifeln bereits 10 Minuten, die Sie kurz vorher sowieso zur Verfügung haben. Da Sie sicherlich eher pünktlich zu einer Prüfung erscheinen, haben Sie diese Zeit während Sie warten übrig. Kurz davor ist ohnehin für viele eher verlorene Zeit, vor allem, wenn man sich durch die Beobachtung anderer zusätzlich beunruhigt. Denn zum einen wirken die anderen häufig deutlich ruhiger und souveräner, was die eigenen Zweifel nur verstärkt. Zum anderen kann die Nervosität der anderen ansteckend wirken und macht Sie noch nervöser, als Sie sowieso schon sind. Oder man geht noch mal wahllos Gelerntes im Kopf durch, nur um feststellen zu müssen, dass einem die selbstverständlichsten Dinge jetzt nicht mehr einfallen. Das kann schon eine leichte Panik erzeugen. Wenn Sie nun mit dieser negativen Grundstimmung in die Prüfung gehen und sich beispielsweise bei einer Klausur die Aufgaben anschauen, ist es verständlich, dass Sie keine positive Vorstellung von der Lösung entwickeln können. Durch das pessimistische Grübeln ist Ihr Gehirn nämlich in einem ganz anderen Modus, zu dem die Grundhaltung gehört „Ich kann das nicht – das wird doch sowieso nichts – ich brauche es eigentlich gar nicht zu probieren". Sie können es aber steuern, in welchem Modus Ihr Gehirn sich befindet.

Wie lässt sich das gefundene Phänomen erklären, dass das Aufschreiben von Ängsten diese reduzieren kann?

Zunächst einmal muss festgehalten werden, dass für jede Art von aktuell gedachten Gedanken, also die gedankliche Beschäftigung mit etwas, das Kurzzeitgedächtnis beansprucht wird. Es wird auch als „Arbeitsgedächtnis" bezeichnet, und das macht vielleicht noch deutlicher, wie die momentane Beschäftigung mit Zweifeln und Ängsten dem Gehirn die Kapazitäten nimmt, stattdessen intellektuell an der Lösung von fachlichen Aufgaben zu arbeiten.

Durch das Aufschreiben von Zweifeln wird der Kopf von einem lähmenden Druck befreit, weil die Ängste und Sorgen schriftlich fixiert und geordnet werden. Dadurch kann der Körper die Nervosität sofort senken.

Die begrenzte Kapazität des Kurzzeitgedächtnisses sollte also nicht mit Grübeln und Sich-Sorgen-machen belegt werden. Vielmehr sollten diese Denkkapazitäten der Bearbeitung und Lösung von Prüfungsaufgaben zur Verfügung stehen.

Übrigens finden wir diese gehirnphysiologische Erklärung auch in alltäglichen Redewendungen wieder, die diese Erkenntnis längst als eine hinreichend bekannte, hilfreiche Erfahrung festhalten:

» Sich etwas von der Seele reden.
» Den Kopf frei kriegen. (statt: Mit den Gedanken ganz woanders sein.)
» Das musste mal raus.
» Jetzt, wo ich darüber geredet habe, geht es mir schon viel besser.

Solche Redewendungen verdeutlichen auf ihre Weise, dass es gut ist, negative, belastende Dinge nicht nur für sich zu behalten, sondern sie zu kommunizieren. Das muss aber nicht mit einer anderen Person geschehen, da auch Schreiben einen kommunikativen Akt darstellt, für den wir nicht unbedingt ein konkretes Gegenüber brauchen.

Eine verständliche Befürchtung ist, dass man sich mit dieser Methode doch gerade in die negative Sichtweise noch hineinsteigert, indem man seinen Gedanken bewusst Aufmerksamkeit schenkt. Interessanterweise ist das überhaupt nicht der Fall. Tatsächlich wird das Gehirn von den in die Quere kommenden Gedanken befreit. Schließlich ist in diesem wichtigen Moment etwas anderes gefordert und dafür benötigt das Gehirn möglichst seine gesamten Ressourcen.

Nachgewiesen wurde übrigens auch, dass es sich bei dieser neuen Methode nicht um eine bloße Ablenkung von den negativen Gedanken handelt. In der Untersuchung sollten andere Versuchsteilnehmer*innen ihre Gedanken zu einem neutralen Thema zu Papier bringen. Sie haben sich also auf eine vergleichbare Art und Weise beschäftigt, doch das Hinschreiben irgendwelcher unbedeutender Gedanken hatte keinen Einfluss auf die anschließende Prüfungsleistung. Schreibt man stattdessen wirklich bedeutsame, störende Gedanken auf, entlastet man sein Gehirn. Es müsste sich sonst nämlich darum kümmern, uns quasi daran zu erinnern.

Vielleicht kennen Sie den Effekt auch schon in ganz anderen Zusammenhängen, etwa beim Einkaufen nichts vergessen zu wollen oder schon gar nicht den Geburtstag einer wichtigen Person am folgenden Tag. Viele schreiben sich einfach eine Notiz und kleben den Zettel gut sichtbar beispielsweise an die Kühlschranktür. Oder das Handy wird so präpariert, dass am wichtigen Tag ein akustischer Hinweis uns erinnert. Und der Einkauf gelingt immer noch am sichersten, wenn man vorher eine Einkaufsliste macht. In allen Fällen wurde etwas niedergeschrieben, was ein wichtiges Vorhaben absichern hilft und man somit nicht mehr ständig daran denken braucht. Dem Gehirn wurde signalisiert: „Das ist aufgeschrieben und daran brauchen wir gerade nicht mehr denken – wir können uns auf das konzentrieren, was unmittelbar vor uns liegt."

Besonders profitierten ängstliche Personen von dieser Methode – vielleicht auch nachvollziehbar: Wer nicht ängstlich ist, hat ja auch keine Sorgen, die man sich von der Seele schreiben könnte. Dem ängstlichen Menschen dagegen hilft sie sehr.

☺ Gut zu wissen!

So gehen Sie vor: Nehmen Sie sich unmittelbar vor einer Prüfung, z.B. wenn Sie auf dem Flur auf den Prüfungsbeginn warten, 10 Minuten Zeit, um alle Ihre negativen Gefühle, Sorgen, Zweifel oder Ängste einfach aufzuschreiben. Schreiben Sie wortwörtlich und ganz direkt, so, wie Sie wirklich im Stillen darüber gerade denken. Legen Sie Ihre Notizen dann einfach zur Seite.

4 Mittendrin und nichts geht mehr: In der Prüfung ■

> Ich konzentriere mich auf die Prüfungsfragen und versuche, so viel ich kann zu bearbeiten.

Es gehört ja nun mal zum Studium dazu, dass man irgendwann in der Klausur oder der mündlichen Prüfung sitzt, es sei denn, man entscheidet sich für den Weg der Aufschiebung oder zieht in letzter Sekunde mittels Abmeldung oder Krankschreibung die Notbremse und geht so dem Ganzen aus dem Wege. In jeder Prüfung soll nun über einen längeren Zeitraum erworbenes Wissen angewendet oder komprimiert dargestellt werden. Das ist per se eine intellektuelle Leistung und kann individuell unterschiedlich als mehr oder weniger Angst auslösend empfunden werden. Was aber passiert tatsächlich, wenn eigene Zweifel mich keinen klaren Gedanken denken lassen und ich mit der Aufmerksamkeit überall und nirgends bin? Dann schaltet man schnell um auf „Nur-noch-weg-hier". Doch daran wird man durch die Prüfungssituation selbst gehindert. Also harren wir der Dinge, die da kommen mögen und sind auf das Schlimmste gefasst. Jetzt ist schon gar kein klarer Gedanke mehr möglich und selbst die immer schlichter und allgemeiner werdenden Fragen ermöglichen auch keinen Zugang mehr zu irgendeiner Gehirnwindung. Selbst der eigene Name könnte einem nicht mehr einfallen. Jetzt schieben sich Gedanken der Peinlichkeit, des Aufhören Wollen und des endgültigen Versagens in den Vordergrund. Und auch so lässt sich kein vernünftiger Satz mehr formulieren. Auf der Zeitskala befinden Sie sich mit so einer Situation bei Zeitpunkt III:

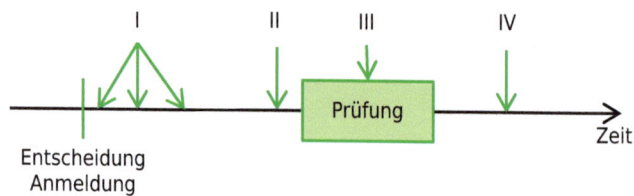

Abb. 15: Die Zeitskala mit den vier wichtigen Zeitpunkten

4.1 Das erwartet Sie in diesem Kapitel

Aus drei verschiedenen Richtungen kommend können Sie der aufsteigenden Prüfungsangst begegnen:

[1] Zuerst widmen Sie sich intensiver den Stress und Angst auslösenden Gedanken, wie sie unmittelbar in der Prüfung selbst auftreten können. Dabei ist es egal, ob es sich um eine mündliche Prüfung oder eine Klausur handelt.

[2] Im nächsten Abschnitt „Gedächtnis und Lernhilfen" erfahren Sie, wie sich unser Gehirn überhaupt die Unmengen an Eindrücken, Informationen und Wissen merken kann. Daraus leiten sich dann unmittelbar die Lernhilfen ab. Dabei handelt es sich um relativ einfache Methoden, mit denen Sie jeden Lernvorgang ideal unterstützen können.

[3] Und als Entspannungsmethode lernen Sie die „Ein-Ruhe-Atmung" kennen. Dies ist eine sehr einfache Entspannungsübung, die Sie an jedem Ort mit einer Sitzmöglichkeit anwenden können. Sollte Ihnen diese Übung nicht gefallen, dann finden Sie in den übrigen Kapiteln weitere Methoden zum Ausprobieren.

[4] In der Prüfung muss es nicht unweigerlich zu einem Blackout kommen. Er ist quasi nur eine mögliche, extreme Folge von Prüfungsangst. Aber kann man denn noch irgendetwas tun, wenn er doch passiert?

4.2   Zeitpunkt 3: In der Prüfung

„Angst vor einem totalen Blackout habe ich immer, wenn ich nur an die Prüfung denke. Obwohl ich noch nie einen hatte. Die Prüfung ist für mich einfach der schlimmste Moment. Selbst, wenn ich mir extra den nettesten Dozenten aussuche und wir in der Sprechstunde die Prüfungsthemen durchgehen, habe ich nicht genug Selbstvertrauen. In der Prüfung nehme ich den Prüfer und seine Fragen wie hinter einer Glasscheibe wahr. Und ich stehe irgendwie neben mir. Während ich versuche nachzudenken – und dabei fühlt sich der Kopf total leer an – beobachte ich mich selbst. Dann macht es mir Angst, dass ich nichts sage und der Prüfer denkt, dass ich nicht gelernt habe. Der macht sich aber irgendwelche Notizen oder guckt dann aus dem Fenster. Alle warten und in meinem Kopf dröhnt es. Aber keine Antwort ist zu finden. Und dann habe ich nur noch diesen Fluchtimpuls und wünsche mir, dass der Boden endlich unter mir aufgeht."

Kennen Sie diesen Moment, wenn man wirklich in der Prüfung ist und sich und die Welt nur noch wie unwirklich wahrnimmt? Man ist gar nicht man selbst und alle Sinne sind auf die Prüfer*in, den Raum oder – in der Klausur – auf den Aufgabenzettel gerichtet. Das Ticken von Uhren ist schon genauso laut wie das Kritzeln der Stifte auf dem Papier. Diese völlig überhöhte Sensibilität ist ein Hinweis darauf, dass die Psyche schon einen entscheidenden Schritt weiter ist: Sie hat entschieden, dass dieser Moment nur noch gefährlich sein kann und alles andere außer dem intellektuellen Denken eine überaus wichtige Rolle spielt. Letztendlich ist selbst der eigene Name unwichtig. Zu diesem Ergebnis kommt die Psyche aber nur durch entsprechende Vermutungen und Zweifel. Das ist noch kein Blackout. Aber, da die Wahrnehmung auf so viele andere (eigentlich unwichtige) Dinge gerichtet ist, fehlen die notwendigen Kapazitäten für das eigentlich intellektuelle Geschehen: Nachdenken, Wissen aktivieren, Lösungsstrategien entwickeln, die Fragen beantworten. Diese massive Einschränkung können Sie abdämpfen, in dem Sie im Vorfeld die möglichen negativen Prophezeiungen aufdecken und bearbeiten. Sollte wider Erwarten dennoch ein Blackout auftreten, dann hilft Ihnen eine Art

Notprogramm. Dieses bewirkt, dass man der eigenen Psyche und dem Körper auf verschiedene Weise signalisiert, dass die Einschätzung der aktuellen Situation als „gefährlich" grundsätzlich falsch ist. Diese Signale senden Sie durch verschiedene Methode, die ich Ihnen am Ende dieses Kapitels erläutern werde.

4.2.1 Finden Sie Ihre Selbstverbalisationen

Gehen Sie noch einmal die schon im Prüfungsangst-Check am Anfang des Buches aufgelisteten Bemerkungen durch und entscheiden Sie wieder ganz spontan, ob Sie diese oder einen so ähnlich formulierten Gedanken oder Zweifel von sich kennen, wenn Sie an die Prüfung selbst denken:

Was schreibt denn die Prüfer*in die ganze Zeit? Was ich alles Falsches sage? ■ Ja □ Nein □

Ich hätte doch ein anderes Einsprechthema oder eine andere Prüfer*in nehmen sollen. ■ Ja □ Nein □

In der Lerngruppe habe ich das anderen noch erklärt – jetzt weiß ich nichts mehr! ■ Ja □ Nein □

Na, das ging ja gut los! So wird das doch nichts mehr! ■ Ja □ Nein □

Alle sind am Schreiben, nur ich starre auf das weiße Papier und mein Gekritzel. ■ Ja □ Nein □

Ich steh ja total neben mir! Jetzt werde doch mal ruhig! ■ Ja □ Nein □

Mist! Meine Hände zittern ja total! ■ Ja □ Nein □

Wie sag ich es meinen Eltern, wenn ich durch diese Prüfung falle? ■ Ja □ Nein □

So wie die Prüfer*in guckt, muss ich ja totalen Blödsinn reden! ■ Ja □ Nein □

Vergiss es! Ich geb' einfach ein leeres Blatt ab (oder: ich breche die mündliche Prüfung einfach ab). ■ Ja □ Nein □

Herzukommen war ein Fehler. Ich hätte mich krankschreiben lassen sollen. ■ Ja □ Nein □

Die könnten mich nach meinem Namen fragen – den wüsste ich auch nicht mehr. ■ Ja □ Nein □

Ich bin aber auch vom Pech verfolgt – fast alles nur Sachen, die ich gerade nicht gelernt hab. ■ Ja □ Nein □

Oh, Gott, die Frage weiß ich nicht! Was mach ich denn jetzt? ■ Ja □ Nein □

Ich habe so schlecht geschlafen und bin überhaupt nicht fit für das hier. ■ Ja □ Nein □

Dies sind zwar typische Aussagen von Teilnehmer*innen unserer Gruppen gegen Prüfungsangst. Dennoch kennen Sie vielleicht von sich noch weitere eigene negative Gedanken, die während der Prüfung auftauchen können? Nehmen Sie sich bitte 10 Minuten Zeit und überlegen, welche dies sind und notieren Sie diese wortwörtlich. Für bis zu sechs eigene Formulierungen haben Sie hier Platz:

❷

❸

❹

❺

❻

4.2.2 Legen Sie Karteikarten an

Übertragen Sie nun die zu Ihnen passenden Bemerkungen auf Karteikarten. Beachten Sie dabei: Für jede Bemerkung legen Sie eine eigene Karte an und die aus dem Prüfungsangst-Check übernommenen Formulierungen müssen dabei noch in eigene Worte umformuliert werden. Und zusätzlich schreiben Sie auf diese negative Seite noch den abschließenden Hinweis: Stopp! Ich will anders darüber nachdenken.

4.2.3 Formulieren Sie negative Gedanken um

Wenn Sie Ihre Sammlung und das Ausfüllen der Karteikarten abgeschlossen haben, dann können Sie sich nun darum kümmern, die andere Seite der Medaille anzuschauen. Denn die Angst machenden und einschränkenden Gedanken sollen nun systematisch durch unterstützende Mottos ersetzt werden.

Zur Erinnerung sind im Kasten noch mal die Regeln aufgeführt, die Sie dabei beachten müssen (die ausführlichere Erläuterung dazu finden Sie im 2. Kapitel des 1. Teils).

☺ **Gut zu wissen!**

Regeln zur Umformulierung:

[1] Gleicher Inhalt

[2] Eigene Worte

[3] Positive Formulierung

[4] Realistische Einschätzung

Werfen Sie doch erst noch mal einen Blick auf die nachfolgende Tabelle, in der beispielhaft einige der typischen Bemerkungen schon umformuliert sind. So bekommen Sie eine ungefähre Idee, wie es funktioniert und können es für Ihre Karteikarten nun selbst probieren.

Negativ	Unterstützend
In der Lerngruppe habe ich das anderen noch erklärt – jetzt weiß ich nichts mehr!	Ich weiß ja, dass ich es eigentlich weiß. Durch Fragen, Denken und Sprechen wird es wieder aktiviert.
Na, das ging ja gut los! So wird das doch nichts mehr!	Das ist doch erst der Anfang. Es kann immer noch ganz anderes weitergehen. Das hängt von so vielen Dingen ab.
Alle sind am Schreiben, nur ich starre auf das weiße Papier und mein Gekritzel.	Was die anderen gerade tun, ist egal. Ich überlege jetzt, was mein nächster Schritt ist und beginne dann zu schreiben.

Herzukommen war ein Fehler. Ich hätte mich krankschreiben lassen sollen.	Ich bin jetzt hier und versuche aus der Situation für mich das Beste zu machen.
Meine Hände zittern ja total!	Ich versuche mich zu beruhigen und achte vor allem auf die Fragen und meine mögliche Antwort darauf.
So wie die Prüfer*in guckt, muss ich ja totalen Blödsinn reden!	Wer weiß, woran die Prüfer*in gerade denkt. Ich formuliere meine Antwort und warte dann seine Reaktion ab.
Ich habe so schlecht geschlafen und bin überhaupt nicht fit für das hier.	Ich kann aus gesundheitlichen Gründen jederzeit aufhören. Im Moment probiere ich es noch mal.

Tab. 3: Negative Gedanken und passende Umformulierungen

Finden Sie nun für alle Ihre Karteikarten eine solche neue, unterstützende Formulierung anstelle des bisherigen, Angst machenden Gedanken. Schreiben Sie dieses neue Motto auf die noch freie Seite der Karteikarte.

4.2.4 Wie Sie die Karteikarten verwenden

Sie haben jetzt einige vollständige Karteikarten, die eigentlich genauso aussehen wie Karten, die man sich zum Lernen erstellt: Wenn Sie z.B. eine Sprache lernen wollen, dann steht auf der einen Seite das deutsche Wort und auf der Rückseite – zur Erinnerung, als Gedächtnishilfe und zur Wissenskontrolle – das entsprechende Wort in der unbekannten Sprache.

Genau in diesem Sinne benutzen Sie die eben angelegten Karteikarten: Immer, wenn Sie in der entsprechenden Situation tatsächlich sind oder sich diese ausmalen, wird es vorkommen können, dass einer der altbekannten negativen Gedanken Ihnen durch den Kopf geht. Dann suchen Sie unter all Ihren Karten die entsprechende Karte dazu heraus. Sie erkennen die passende Karte natürlich sofort wieder und denken vielleicht „Siehste, da ist es schon wieder!" Aber nun kommt das Neue. Folgen Sie der Aufforderung, die ja zum Glück gleich unten auf der Karte steht: „Stopp! Ich will anders darüber nachdenken!" Und deshalb drehen Sie die Karte jetzt um. Und dort steht ein gut durchdachtes, neues Motto. Widmen Sie sich diesem positiven Motto, stimmen Sie der Aussage innerlich zu und legen dann die Karte zur Seite. Fahren Sie nun mit der Sache fort, von der Sie gerade durch die Gedanken abgehalten wurden, und lassen Sie sich dabei von dem unterstützenden Motto beeinflussen.

So verfahren Sie immer, wenn entsprechende Gedanken aufkommen. Dadurch bieten Sie Ihrer Psyche gleich das neue Motto an und sie wird es mehr und mehr anerkennen als das, wonach sie sich richten will. Sie können sich auch zwischendurch einmal die Karten anschauen. Erkennen Sie dann immer den alten Gedanken als etwas von Ihnen und drehen sofort die Karte um, damit Sie sich vor allem dem neuen Motto widmen können. Malen Sie sich z.B. eine Prüfungssituation in Gedanken aus, in der dieses neue Motto von Ihnen umgesetzt wird. Dies könnte folgendermaßen aussehen: Bisher haben Sie befürchtet, dass Sie in einer mündlichen Prüfung auf eine Frage hin möglicherweise schweigen würden. Ihr neues Motto könnte nun lauten „Ich versuche, laut zu denken, und dabei das Thema, um das sich die Frage dreht, auszuformulieren und kann so zu den konkreten Inhalten kommen. Stellen Sie sich daher in Ihrer Fantasie den Raum, die Prüfer*in und sich selbst dort sitzend vor. In dieser Vorstellung werden Sie etwas gefragt und Sie versuchen nun, Ihr neues Motto anzuwenden, und beginnen, tatsächlich laut zu denken. Was passiert dadurch Neues in Ihrer Fantasie? Stellen Sie sich vor, wie Sie sich sprechen hören und wie die Prüfer*in Ihren Ausführungen folgt. Es könnte sein, dass diese*r Sie ergänzt oder korrigiert und Sie sich dadurch immer mehr in Richtung der Antwort bewegen. Wie verändert sich die gesamte Atmosphäre der Prüfung, wenn Sie sich so verhalten? Durch dieses Durchspielen in der Fantasie bieten Sie sich und Ihrer Psyche eine neue Sicht der Dinge an. Damit steigt die Wahrscheinlichkeit, dass etwas in dieser Art eintreten kann.

4.3 Lerntechniken: Gedächtnis und Lernhilfen

Wenn wir im Studium vom Lernen sprechen, dann meinen wir damit meistens die gezielte Aufnahme von Wissen, welches dann bei Wortmeldungen im Seminar oder in den verschiedenen Formen von Prüfungen direkt abrufbar ist. Einige der spannendsten Fragen der Neurophysiologie betreffen unser Gehirn und seine Speicherfähigkeit. Ich möchte Ihnen in diesem Abschnitt unsere natürliche Festplatte und ihre Funktionsweise erläutern, damit Sie erkennen können, warum so manch eine Information besser hängen bleibt, während wir andere Dinge „einfach nicht in den Kopf kriegen". Inzwischen sind aus den Erkenntnissen der **Lernbiologie** zum Teil einfache, aber enorm wirksame Lernhilfen abgeleitet worden, die Sie sich gezielt zunutze machen können. Daher werden diese im Anschluss beschrieben und mithilfe unterschiedlichster Alltagsbeispiele, etwa „Essen in der Mensa", „Ein Blick auf die Uhr" oder „Einkaufen" erläutert.

4.3.1 Warum gibt es nicht nur ein Langzeitgedächtnis?

Stellen Sie sich vor, Sie gehen an einem Montag in die Mensa, weil Sie eine Pause und außerdem Hunger haben. Aus Sicht des Gehirns könnte dieser Gang genauso ein Schaufensterbummel in einer belebten Straße einer Metropole sein. Denn innerhalb kürzester Zeit bemühen sich die unterschiedlichsten Hinweise um Ihre Aufmerksamkeit, in der Mensa beispielsweise die zur Auswahl stehenden Gerichte: „Nimm mich!" „Nein, nimm mich, ich bin so lecker!" Oder Sie entdecken selbst etwas: „Oh, heute gibt's Nudeln. Ach, guck mal, vielleicht doch nur einen Salat?" Während Sie auswählen, geht ein flüchtiger Blick zu den Kassen. „Ganz schön voll um diese Zeit. Was ist denn heute bloß los?" Beim Bezahlen wünscht Ihnen eine freundliche Kassierer*in „Guten Appetit" und Sie gehen auf Sitzplatzsuche. Ihr Blick schweift und Sie sehen das eine oder andere bekannte Gesicht, haben aber noch niemanden gefunden, mit dem Sie gemeinsam essen möchten. Das Wetter ist gut. „Oh, heute haben sie draußen noch mehr Tische aufgestellt. Dann gehe ich doch mal nach draußen."

Sie können sich vorstellen, dass selbst in dieser kleinen Sequenz, die vielleicht 5 Minuten gedauert hat, eine enorme Anzahl an Sinneseindrücken in Form von Geräuschen, Düften und Gesehenem auf Sie eingeprasselt sind. Dadurch können alte Erfahrungen hochkommen, weil Sie sich an etwas erinnern. Ganz verschiedene Gedanken und Bewertungen gehen Ihnen durch den Kopf und lösen entsprechende Gefühle aus. Parallel dazu haben Sie eben auch noch in aller Schnelle ein paar Entscheidungen gefällt, für die Sie einige dieser Informationen auswerten mussten. Und dann kommt noch das eigentliche Erlebnis des Essens mit Aussehen, Geruch und Geschmack dazu. Vielleicht haben Sie gekleckert und sich über sich selbst geärgert oder ein eher belangloses Gespräch mit Ihrem Tischnachbarn geführt.

Muss man sich das alles, was heute in der Mensa geschah, merken? Brauche ich jemals genau diese Sequenz für irgendeinen Zweck? Eben das zu prüfen ist eine Hauptaufgabe des Gehirns. Teile dieser Mensasequenz werden Sie sich wahrscheinlich merken wollen, weil sie zu einem späteren Zeitpunkt hilfreich sein könnten, z.B. dass man montags besser später Essen geht. Vielleicht sind die Nudeln immer zu weichgekocht und der Salat dagegen ist frisch und lecker. Nächstes Mal dann also gleich den Salat nehmen. Wir lernen also aufgrund unserer Erfahrungen und verhalten uns dadurch später in ähnlichen Situationen schneller und eindeutiger. So entwickeln wir Verhaltensmuster, die im Gehirn automatisch und schnell abrufbar sind, weil keine aufwändigen Entscheidungsprozesse mehr nötig sind.

4.3.2   Die drei Gedächtnisformen

Gern wird für das kurzfristige Lernen behauptet, man habe das jetzt im **Kurzzeitgedächtnis**, benutze es in der anstehenden Prüfung und könne es dann ja wieder vergessen. Etwas ganz Grundlegendes stimmt an dieser Formulierung nicht. Denn das Kurzzeitgedächtnis trägt seinen Namen zu Recht: Es hält nur bis zu 30 Minuten an. Es ist wirklich kurz! Demnach müssen Dinge, die man am nächsten Tag immer noch weiß, bereits im **Langzeitgedächtnis** sein. Und alles, was sich durch aufwändige Lernvorgänge oder häufiges Benutzen im Langzeitgedächtnis befindet, kann nicht mehr vergessen werden. Wenn tatsächlich altes Wissen wegrutscht, dann nur deshalb, weil es durch neues, wichtiges Wissen überlagert wurde. Damit Sie solche Phänomene besser nachvollziehen können, möchte ich Ihnen zuerst die drei Gedächtnisformen vorstellen. Dabei werden Sie bemerken, dass Lernen nicht nur eine reine Denkarbeit des Gehirns ist, sondern dass es Ihre gezielte Aktivität benötigt.

Das Ultrakurzzeitgedächtnis

Für alle drei Gedächtnisformen wurde genau die richtige Formulierung gewählt, denn auch das Ultrakurzzeitgedächtnis macht seinem Namen alle Ehre und dauert gerade mal so etwa 10–20 Sekunden. Auch „Sensorischer Speicher" genannt hat es die Aufgabe, die auf uns einwirkenden Sinneseindrücke kurz zu speichern, um Zeit zur Überprüfung zu haben. Bei einem Computer entspricht dies dem Bildschirm, der sich laufend verändert und selbst keine Speicherfähigkeit besitzt. Wird im Gehirn nun einer zu prüfenden Information keine weitere Bedeutung beigemessen, dann ist sie demnach nicht relevant und sie verblasst. So ziehen Sie bei einem Einkaufsbummel an den Schaufenstern vorbei und sehen viele Dinge. Eine Bedeutung bekommt eine Sache dadurch, dass Sie ihr mehr Aufmerksamkeit als dem Rest widmen: „Oh, guck mal, die Jacke da." Nun befindet sich der visuelle Eindruck „Jacke" auf dem besten Weg ins Kurzzeitgedächtnis.

Das Kurzzeitgedächtnis

Bleiben wir doch einen Moment bei dem Einkaufsbummel-Beispiel. Die Jacke hat Ihre Aufmerksamkeit erregt. Mindestens für diesen Moment möchten Sie sich genau darauf konzentrieren können. Sie prüfen nämlich die Jacke, ob sie in die engere Wahl kommen könnte. Farbe, Größe, Stil oder auch Preis sollen schließlich stimmen. Genau das ist auch Aufgabe des Kurzzeitgedächtnisses, zu prüfen, ob diese Information von längerfristiger Bedeutung ist. Dazu braucht es etwas Zeit. Es hat wenige Minuten zur Verfügung und stellt möglicherweise fest, dass es schon ähnliche Informationen gibt, diese neue, andere oder spezielle aber noch fehlt. Chemisch gesehen werden durch diese mehrminütige Aufmerksamkeit Nukleinsäure-Ketten gebildet. Damit gibt es eine erste, aber noch störanfällige Fixierung der Informationen. Wenn Sie diesen Vorgang in die Computersprache übertragen, so wäre diese Stufe des Gedächtnisses mit dem Arbeitsspeicher gleichzusetzen. Auf dieser Stufe werden Daten bearbeitet, aber noch nicht dauerhaft gespeichert. Der nächste Schritt beinhaltet also die Fixierung des Wissens für längere Dauer auf der Festplatte. Unsere natürliche Festplatte ist das Langzeitgedächtnis und ich will Ihnen nun erläutern, wie dieser Datenspeicher funktioniert.

Das Langzeitgedächtnis

Stellen Sie sich vor, Sie müssten jemanden von einer Sache hundertprozentig überzeugen. Das ist nicht mit einem einfachen Gespräch zu schaffen. Sie müssten sich einiges an Argumenten einfallen lassen und immer wieder mal nachhaken und auf gewisse Art und Weise hartnäckig bleiben. Da Sie überzeugend sein wollen, sollte die Hartnäckigkeit atmosphärisch eher nett als unangenehm penetrant gemeint sein. Diese Hartnäckigkeit entspricht beim Lernen dem mehrmaligen Bearbeiten und Wiederholen des Stoffes. Wenn dies in angenehmer Atmosphäre geschieht und zu positiven Ergebnissen führt, lernt es sich gleich viel besser. Aber auch die persönliche Bedeutung kann eine Rolle spielen, denn natürlich merken wir uns eine wichtige Information viel leichter als irgendeine unbedeutende Information. Und auch hier lässt sich etwas auf rein organischer Ebene im Gehirn beobachten: Durch die mehrmalige Beschäftigung mit denselben Inhalten bilden nun Eiweiß-Moleküle eine Kopie der bisher nur vorhandenen Nukleinsäure-Ketten und schaffen damit eine dauerhafte Information. Da unser Gehirn wie ein riesiges Archiv funktioniert, hat es viel Platz für die ganzen Eiweißmoleküle. Um eine abgelegte Information mit hoher Trefferquote wiederzufinden, ist es aber besser, man hat deutlich Ordnung geschaffen. Auch einem Computer ist es prinzipiell egal, in welchem Teil der Festplatte und unter welchem Namen auch immer Sie etwas abspeichern. Richtig abgespeichert ist es garantiert irgendwo hinterlegt. Damit Sie es als Nutzer*in auch wiederfinden, empfiehlt sich die Einrichtung von Ordnern, die Sie sinnvoll benennen. Unterkategorien sind auch noch denkbar und selbst eine einzelne Datei, wie etwa ein Text, hat schließlich auch noch eine eigene

Ordnung bestehend aus Überschriften und ähnlichem. Helfen Sie auch Ihrem Gehirn, solche Ordner anzulegen. Je deutlicher diese beschriftet sind und je klarer abgegrenzt sie sind, umso sicherer ist eine Information wieder auffindbar. Ein Beispiel: Wenn Sie bereits mehrere Sprachen sprechen, dann gibt es einzelne Ordner mit den jeweiligen Vokabeln. Die Ordner heißen „Deutsch", Englisch" und „Russisch". Ein neues russisches Wort hat also seinen passenden Ordner. Ein Unterordner könnte heißen „Wissenschaftssprache", in der die speziellen russischen Fachausdrücke zu finden sind. Da gehört mein neues Wort dazu. Es kann schneller behalten werden, weil es dort Anknüpfungspunkte gibt. Stellen Sie sich vor, Sie hatten dagegen nur einen Ordner „Sprachen" ohne auch nur einen Unterordner. Was da alles umherschwirrt! Auf der Suche nach einem ganz bestimmten Wort können Sie lange suchen und finden vor allem manch ähnlich aussehendes oder klingendes, aber leider falsches Wort. Wenn wir tatsächlich in so einem Fall Karteikarten in verschiedenen Kästen anlegen, dann auch deshalb, weil diese äußere Ordnung der des Gehirns entspricht.

4.3.3   Zwei ganz alltägliche Beispiele: „Ein Blick auf die Uhr" und „Einkaufen"

Vielleicht ist Ihnen folgende Situation ja schon einmal selbst passiert: Sie sitzen schon etwas länger in einer Vorlesung und hoffen, dass sie bald zu Ende ist. Die Uhr im Vorlesungssaal ist kaputt. Sie selbst haben keine Armbanduhr um und das Handy ist in der Tasche verstaut. Ihre Sitznachbar*in schaut aber gerade auf seine Uhr. Daher nutzen Sie die Chance und fragen flüsternd „Wie spät ist es denn?". Die Nachbar*in schaut Sie an und kann es Ihnen nicht sagen. Dabei hat diese*r eben gerade doch selbst mit absoluter Sicherheit auf die Uhr geguckt! Die Nachbar*in guckt also noch mal und sagt zu Ihnen genauso flüsternd „5 nach 3". Wie kann es sein, dass die Nachbar*in sich schon wenige Sekunden an nichts mehr erinnern konnte und deshalb doppelt nachgucken musste? Kann sich das Gehirn diese einfache Information denn nicht mal für so kurze Zeit merken? Da fragt man sich doch, wie dann viel schwierigere Sachverhalte über Monate oder gar Jahre zur Verfügung stehen sollen.

Selbstverständlich hatte Ihre Sitznachbar*in die Uhr wahrgenommen und auch schon beim ersten Hingucken garantiert „5 nach 3" gesehen. Die Uhr hat im Ultrakurzzeitgedächtnis einen flüchtigen visuellen Eindruck erzeugt. Da die Information aber keinerlei persönliche Bedeutung hat, erhielt sie keine entsprechende Bewertung. Das könnte bei Ihnen anders sein. Sie könnten ja denken „Oh, super, in 10 Minuten ist Schluss!" oder auch „Was? Schon 5 nach 3? Die Zeit rast ja, ich muss ja gleich los!". In meinen Vorträgen zu Lern- und Arbeitstechniken versuche ich, der rein zufälligen Uhrzeit durch ein angebliches Preisausschreiben eine Bedeutung zu verleihen. Die Ankündigung lautet dann: „Wenn wir uns im Laufe dieses Monats auf dem Unigelände zufällig treffen und Sie mir diese willkürliche Uhrzeit „5 nach 3" korrekt nennen können, dann gebe ich Ihnen 500 Euro!" Da könnte man als Zuhörer*in doch gewinnen wollen, aber nur, wenn 500 Euro einen Anreiz darstellen. In diesem Fall würde man jetzt alles unternehmen, um sich die korrekte Zeit zu merken. Als erstes: Unbedingt aufschreiben! Und zuhause vielleicht jemandem davon erzählen. Da entsteht dann der Plan: Wieso es dem Zufall überlassen! Wir gehen morgens zum Büro von Herrn Walther und warten, bis er zu seinem Arbeitsplatz kommt. Auf einem Zettel halten wir für alle Fälle die Information bereit. Aber auch merken können wir uns das ja durch mehrmaliges Aufsagen: „5 nach 3!". Und wenn er dann kommt, kassieren wir spielend die 500 Euro. Diesen ganzen Aufwand fände etwa eine mehrfache Multimillionär*in geradezu lächerlich. Mit jedem Atemzug verdient diese*r wahrscheinlich 500 Euro, also wird die Multimillionär*in sich nicht bemühen wollen, sich die Information zu merken. Denn es hat für diese*n keinerlei persönliche Bedeutung.

Ich muss dann meine Zuhörer*innen jedes Mal enttäuschen, denn das Preisausschreiben gibt es leider nicht. Für „5 nach 3" wird es niemals 500 Euro geben. Aber ich mache trotzdem jedes Mal nach einer Pause einen kleinen Test und frage nach, ob noch irgendjemand die Antwort wüsste – es gelingt tatsächlich fast allen, sich an „5 nach 3" zu erinnern. Übrigens wird Ihnen das beim Lesen auch passieren können, denn ich habe Ihnen die Information „5 nach 3" jetzt schon so oft untergejubelt, dass sie sich mit Sicherheit in Ihrem Kurzzeitgedächtnis befindet.

So leicht merken wir uns auch im Alltag Dinge für eine sehr kurze Zeit. Vor dem Einkaufen gucken wir in den Kühlschrank und stellen, leise vor uns her murmelnd, fest: „Hm, Milch brauchen wir, Käse ist alle und keine Marmelade mehr." Schnell noch einen Zettel bekritzelt, damit wir auch nichts vergessen. Im Supermarkt brauchen wir den Zettel vielleicht gar nicht, denn uns fallen die gemurmelten und notierten Wörter auch so wieder ein: Milch, Käse, Marmelade. Ist dann der Einkauf erledigt, kann diese Liste natürlich im Gehirn gelöscht werden. Das geschieht auch, weil wir nichts anbieten, aus dem das Gehirn schließen könnte, dass wir diese Einkaufsliste auch noch in mehreren Wochen, Monaten oder Jahren wissen müssen. Damit etwas an dieser Stelle in das Langzeitgedächtnis übernommen, also archiviert wird, sind lauter Dinge nötig, die wir als „Lernhilfen" bezeichnen. Das Motto lautet: Biete dem Gehirn die Dinge so an, dass es erkennt, dass du sie lernen, d.h. behalten willst.

4.3.4 Lernhilfen

Nichts kommt wirklich von allein ins Langzeitgedächtnis. Beindruckende schöne oder negative Erfahrungen schaffen es nur deshalb ohne unser aktives Zutun, eben weil sie so beeindruckend waren. Dafür hat das Ereignis also selbst gesorgt. Nun kann man ja nicht für jede Information, die man für die Uni lernen soll, eine solche beeindruckende Situation schaffen. Daher sollten Sie die sehr einfachen, sehr unterschiedlichen, aber wirkungsvollen Lernhilfen kennen und beim Lernen anwenden. Wahrscheinlich wenden Sie manche längst an. Dann ergänzen Sie eben noch um die für Sie neuen Lernhilfen oder optimieren eine bereits genutzte Lernhilfe durch gezielten Einsatz.

Vom Überblick zur Einzelinformation

Wenn Sie sich einem neuen Wissensgebiet widmen, dann verschaffen Sie sich immer zunächst einen groben Überblick, was Sie erwartet. Sie bieten damit dem Gehirn das Gerüst an, in das es die später folgenden Informationen einordnen kann. Denn eine einzelne Information schwebt für sich allein zusammenhangslos im Raum und sucht nach

Anknüpfungspunkten. Bieten Sie diese gezielt an. Wir kennen das von guten Vorträgen, die zu Beginn den groben Überblick über den Beitrag geben und dann Stück für Stück abarbeiten. Das Gerüst ermöglicht der Zuhörer*in jederzeit eine Standortbestimmung und damit eine Einordnung der gerade gegebenen Information. Ganz nebenbei eröffnen überblicksartig einleitende Worte und Gedanken auch noch den Zugang zu den passenden Gehirnwindungen, die für die Detailarbeit sinnvollerweise benötigt werden.

Das mehrkanalige Lernen und Wiederholen mit verschiedenen Sinnen

Bedenkt man, wie unterschiedlich die Kapazitäten der Nervenbahnen unserer einzelnen Sinne sind, dann würde man zunächst vermuten, dass alles, was wir sehen, am direktesten im Gehirn ankommen müsste. Denn das **Auge** hat die größte Leistung in Bezug auf die Aufnahme von Informationen (10.000.000 bits/sec), gefolgt vom deutlich schwächeren **Ohr** (1.500.000 bits/sec) und dem wohl zu vernachlässigen **Tastsinn** (400.000 bits/sec). Auch Kleinschroth (1992) schließt daraus provokant, dass alle Sinneskanäle außer dem Sehen dann für das Lernen wohl von untergeordneter Bedeutung seien. Er klärt auf, dass genau dieser Schluss jedoch fatal wäre, denn würden wir etwas Neues nur hören, so wäre die Wahrscheinlichkeit, es zu behalten, zwar gerade mal 20 %. Aber beim Sehen sind dies eben auch nur 30 %. Benutzen wir jedoch beim Lernen auch den Mund und sprechen über die zu lernenden Dinge, dann steigt die Wahrscheinlichkeit gleich auf 70 %! Und beim Lernen mit den Händen sind es sogar 90 %! Da hat es die Chemiestudent*in im Labor schon mal leichter, weil diese*r sein theoretisches Wissen dort ganz praktisch anwenden kann. Für die bloße Theorie, die nicht mit den Händen zu fassen ist, bleiben aber ja noch genügend andere Sinne, die Sie gemeinsam einsetzen können. Der Vorteil wäre dann, dass Ihr Gehirn zu einer gespeicherten Information verschiedene Zugänge hätte, um diese wieder abzurufen. Das sieht nun beispielsweise folgendermaßen aus:

» In einer Vorlesung haben Sie neues Wissen von der Dozent*in GE-HÖRT.

» Einiges davon war in seiner PowerPoint-Präsentation oder im vor-
  liegenden Skript auch zu SEHEN.

» Das Wichtigste haben Sie mit eigenen HÄNDEN mitgeschrieben.

» Beim Nacharbeiten etwa in einer Lerngruppe SEHEN Sie Ihre eigenen Mitschriften vor sich.

» Sie HÖREN die anderen etwas zu den Dingen sagen und HÖREN
  auch sich selbst.

» Sie unterstreichen vielleicht etwas in Ihrer Mitschrift oder fertigen
  mit Ihren HÄNDEN eine übersichtliche Grafik oder Tabelle an, die
  Sie so zum ersten Mal vor sich SEHEN.

Ich habe in diesem Beispiel die **Sinneskanäle** mit Großbuchstaben
hervorgehoben, damit deutlich wird, wie oft unsere anderen Sinne eigentlich beteiligt sein können, wenn wir nicht einfach nur still und
stumm vor dem Manuskript sitzen und es wieder und wieder durchle-
sen. Hüholdt (1995) gibt noch einen anderen wertvollen Tipp: Passen
Sie den Lernkanal dem Lernziel an. Das bedeutet, dass alles, was Sie
später einmal aussprechen können wollen, schon beim Lernen laut gesagt werden sollte. So wird es Ihnen ganz vertraut, das entsprechende
Wissen auszusprechen und sich selbst so etwas sagen zu hören. All
das, was Sie dagegen praktisch anwenden werden, sollte genauso
praktisch geübt werden. Natürlich kann man auch aufgrund einer
Zeichnung eine Vorstellung dazu entwickeln, wie etwas geht. Die
wirkliche Anwendung gelingt aber selbstverständlicher, wenn Sie es
selbst schon ausprobieren konnten.

Die subjektive Bedeutsamkeit

Erinnern Sie sich noch mal an das Beispiel „Blick auf die Uhr". Ich versuche durch den finanziellen Anreiz von immerhin 500 Euro einen
Grund zu erzeugen, warum man sich diese völlig willkürliche und bisher bedeutungslose Information „5 nach 3" merken sollte. Damit versuche ich vor allem, die Information bedeutungsvoll zu machen. Wenn Sie
beim Lernen Ihr Gehirn laufend mit neuen Informationen geradezu
bombardieren, dann fühlt sich das zunächst wie eine sinnlose Aneinan-
derreihung von Daten an. Wäre das Gehirn eine eigenständige

Persönlichkeit, würde es vielleicht fragen „Was soll ich denn damit?".
Bieten Sie ihm dafür eine subjektive Bedeutsamkeit an. Das gelingt u.a.
durch folgende Techniken:

» Bei neuen Fremdwörtern oder Vokabeln: Bilden Sie einen Satz damit – und Ihr Gehirn erkennt: Dafür könnte man die Information
durchaus gebrauchen.

» Stellen Sie sich wie eine Prüfer*in eine Frage, die nur mit der
neuen Information zu beantworten ist – und Ihr Gehirn erkennt:
Dafür könnte man die Information durchaus gebrauchen.

» Besprechen Sie die neuen Inhalte in einer Lerngruppe. Sie können
nur mitreden, wenn Sie die Inhalte kennen – und Ihr Gehirn erkennt: dafür könnte man die Information durchaus gebrauchen.

» Sie wünschen sich, sich beim nächsten Lerndurchgang an einiges
noch zu erinnern oder wenigstens wiederzuerkennen, um mit dem
Lernen voranzukommen – und Ihr Gehirn erkennt: Dafür könnte
man die Information durchaus gebrauchen.

» Neue Formeln: Rechnen Sie eine konkrete Aufgabe damit – und
Ihr Gehirn erkennt: Dafür könnte man die Information durchaus
gebrauchen.

» In der mündlichen Prüfung wollen Sie nicht nur mit „Ja" und
„Nein" antworten, sondern auch Erläuterungen und Beispiele for-
mulieren können – und Ihr Gehirn erkennt: Dafür könnte man die
Information durchaus gebrauchen.

Die Netzbautechnik

Die Netzbautechnik ist eine strukturelle Gegebenheit unseres Gehirns.
Dahinter verbirgt sich die Tatsache, dass sich mit jedem weiteren
Lernvorgang in einem bestimmten Wissensgebiet quasi eine Vernet-
zung bildet, die immer engmaschiger wird, je mehr man weiß. Während die ersten Informationen noch ein wenig ungeordnet im Gehirn
gespeichert werden, können spätere Informationen immer leichter im
entstehenden Netz hängen bleiben. Sie können die Netzbautechnik
also nicht selbst direkt anwenden, aber auf ihr Funktionieren vertrauen und Ihr Lernverhalten darauf abstimmen. Das möchte ich an
dem Beispiel des Lernens einer völlig neuen Sprache verdeutlichen.

Ich gehe mal davon aus, dass Sie bisher kein Wort „Khoisan" kennen. Hierbei handelt es sich um eine von nur ca. 200.000 Menschen in der Region Südafrika gesprochene Sprache, deren Besonderheit Schnalz- und Klicklaute sind. Aus irgendeinem Grund wollen oder müssen Sie nun Khoisan lernen.

Die ersten Wörter werden Ihnen sehr fremd erscheinen. Sie lernen erste Zusammenhänge zwischen Buchstaben und Aussprache kennen. Dabei sind die Klicklaute ungewohnt zu erzeugen, weil es sie in europäischen Sprachen so überhaupt nicht gibt. Ihr Gehirn weiß mit diesen Informationen nicht genau umzugehen. Daher ordnet es die Informationen richtigerweise den verschiedenen Sprachen zu und legt das Unterverzeichnis „Khoisan" an. In dem Verzeichnis ist noch nicht viel zu finden. Doch das ändert sich mit jedem Lernvorgang, denn inzwischen kommt immer mehr Grammatik dazu und Sie kennen schon mehrere Vokabeln. Im Sinne der Netzbautechnik schwirren diese Informationen noch etwas unsystematisch im Unterverzeichnis umher. Erst dann, wenn Sie so weit sind, dass Sie mehrere Wörter kennen, die einer eigenen Kategorie zuzuordnen sind (Sie kennen beispielsweise inzwischen die khoisanischen Wörter für „Mann", „Frau" und „Mädchen"), kann ein neues Wort (z.B. das khoisanische Wort für „Junge") dort angehängt werden.

☺ Gut zu wissen!

Da wir von einem wachsenden und dadurch immer engmaschiger werdenden Netz ausgehen dürfen, wird neues Wissen von Mal zu Mal leichter vom Netz eingefangen und festgehalten. Dieser Prozess dauert einige Zeit, aber Sie können darauf vertrauen, dass sich dieses Netz bilden wird und Sie dann einen enormen Lernfortschritt bemerken. Der Anfang ist demnach mühsam. Wenn Sie aber erst einmal in die Materie eingearbeitet sind, fällt das Lernen immer leichter. Haben Sie daher Geduld.

Das verteilte Lernen: Abwechseln der Lerninhalte

Wenn Sie bereits das Kapitel zur Planung und Zeiteinteilung gelesen haben, dann haben Sie schon eine Idee davon, wie förderlich es für die Aufmerksamkeit des Gehirns ist, wenn man eine Tätigkeit durch Pausen unterbricht und danach durchaus mit einer anderen Sache weitermacht. Denn unser Gehirn langweilt sich bei gleichbleibender Tätigkeit enorm schnell. Es mag eben die Abwechslung. Je mehr sich die Struktur einer Lernaufgabe vom vorherigen Stoff unterscheidet, umso stärker ist die tatsächliche Veränderung der Reize. Sie können Vokabeln mit Formeln abwechseln und sich danach den Definitionen widmen. Versuchen Sie diese Abwechslung noch durch die bereits beschriebenen verschiedenen Sinneskanäle zu steigern, indem Sie für ein Thema Karteikarten anlegen und als weitere Abwechslung nach der Pause bestehende Karteikarten eines anderen Themas nur laut lesen.

> ☺ **Gut zu wissen!**
>
> Daraus folgt noch folgende Planung für **das gleichzeitige Lernen mehrerer Fächer**: Müssen sie sich für den Prüfungsblock am Ende des Semesters auf mehrere sehr unterschiedliche Prüfungen vorbereiten, dann erarbeiten Sie sich das Wissen dazu immer parallel. Mit der einen Prüfung beschäftigen sich am Vormittag und mit einer weiteren am Nachmittag.

Intuitiv würden wir nämlich gern anders vorgehen: Erst einmal wird ein Fach gründlich bearbeitet und gelernt, damit das schon mal komplett fertig ist, dann erst käme das nächste dran. Für ein letztes Thema bleibt in der Folge vielleicht nicht mehr genügend Zeit. Wenn Sie dagegen alles parallel erarbeiten, haben Sie natürlich zu Beginn bei jedem Prüfungsthema nur einen ersten Anfang gemacht. Mit der Zeit wächst dann aber zu allen Themen der Kenntnisstand gleichmäßiger weiter. Zusätzlich bleibt die Aufmerksamkeit leichter auf einem interessierteren Niveau, weil Sie für mehr Abwechslung gesorgt haben.

Das Wiederholungslernen nach Ebbinghaus

Bereits gegen Ende des vorletzten Jahrhunderts hat der Begründer der experimentellen Gedächtnisforschung Hermann Ebbinghaus die **Lernkurve** und die **Vergessenskurve** entdeckt. Er beschrieb damit den Umstand, dass von einem einmalig erworbenen Wissen nach zwei Tagen nur noch lächerliche 20–30 % zur Verfügung stünden. Denn nur ein einziger Lerndurchgang reicht nicht aus, um das Wissen dauerhaft zu speichern, abrufbar und anwendbar zu machen. Er experimentierte deshalb sehr systematisch mit Wiederholungen in unterschiedlichen Zeitabständen und Durchgängen und fand zwei wichtige Elemente: Unser Gedächtnis benötigt zum einen mindestens fünf bewusste Lernvorgänge, damit ein bisher unbekanntes Wissen dauerhaft gespeichert werden kann. Außerdem müssen bestimmte Zeitabstände eingehalten werden, damit unserem Gehirn genügend Zeit bleibt, das Wissen einzuordnen, abzulegen und stabile Nervenverbindungen für das Auffinden des abgelegten Wissens zu knüpfen. Er hatte damit zunächst bewiesen, was die Menschheit intuitiv schon seit Langem praktizierte, wenn sie etwas mehrmals wiederholte, damit es auswendig zur Verfügung stehe. Aber Ebbinghaus konnte nun genau beschreiben, wie dieser Lernvorgang effektiv gestaltet werden sollte:

☺ **Gut zu wissen!**

Der Wiederholungsplan nach Ebbinghaus:

[1] Wiederholung am selben Tag

[2] Wiederholung einen Tag danach

[3] Wiederholung nach einer Woche

[4] Wiederholung nach vier Wochen

[5] Wiederholung nach halben bis ganzen Jahr

Im regulären Studienalltag können Sie relativ selbstverständlich auf diese **fünf Lerndurchgänge** kommen, bei denen Sie sich mit den Inhalten aber wirklich beschäftigen müssen:

» **Durchgang 1:** Sie nehmen aufmerksam an einer Vorlesung teil, hören die Information und schreiben wichtige Dinge mit.

» **Durchgang 2:** Zum Abschluss des Arbeitstages beschäftigen Sie sich mit Ihren Aufzeichnungen und rekapitulieren, was heute wichtig war.

» **Durchgang 3:** Vor Beginn der nächsten Vorlesung beschäftigen Sie sich nochmals mit Ihren Aufzeichnungen und stimmen Ihr Gehirn auf das nun Folgende ein.

» **Durchgang 4:** In einer die Prüfung vorbereitenden Lerngruppe sprechen Sie über denselben Lernstoff. Dabei benutzen Sie Ihre Aufzeichnungen und erklären anderen den Inhalt oder lassen sich etwas nicht Verstandenes erklären.

» **Durchgang 5:** Als Prüfungsvorbereitung arbeiten Sie aufmerksam Ihre Aufzeichnungen durch, legen vielleicht Karteikarten an oder fertigen Übersichten, Grafiken und Tabellen an.

Sie sehen daran, dass Sie bei einer solchen Struktur automatisch dem zu lernenden Stoff mehrmals begegnen. Wichtig ist dann nur, dass dies eine aktive Begegnung ist. Das heißt, Sie sind aufmerksam und beschäftigen sich mit den Inhalten. Ein passives Zuhören allein genügt eben nicht. Und daher ist es meistens besser, eine Veranstaltung auch dann zu besuchen, wenn die Dozent*in „einfach nur ihr Buch vorliest", weil Sie ja nur so auch den akustischen Eindruck bekommen und vielleicht doch noch an einer Diskussion teilnehmen oder aktiv eine Frage stellen.

☺ **Gut zu wissen!**

Der **letzte Lerndurchgang** sollte immer mindestens eine Woche vor einer Prüfung liegen, damit Ihr Gehirn es noch verarbeiten kann. Die letzten Tage dienen dann nur noch dem Auffrischen des Wissens. Dabei zeigen Sie Ihrem Gehirn, welches Wissen es in diesen Tagen in den Vordergrund rücken soll, damit es zügig abrufbar ist. Vermeiden Sie es daher, jetzt noch Neues zu lernen. Solche Informationen sind dann nicht sicher abrufbar und werden in ihrer Priorität gleichzeitig in den Vordergrund gerückt. Das führt dazu, dass das über Wochen angeeignete Wissen verdrängt wird. Leider ist es aber genau das Wissen, welches Sie hauptsächlich in der Prüfung benötigen. Genau diese Relevanz stellen Sie durch das Auffrischen des vorhandenen Wissens klar.

Die Lernkartei

Die Erkenntnisse des Wiederholungslernens und verschiedene andere Lernhilfen werden wunderbar mit der sogenannten Lernkartei umgesetzt. Vor allem für das Lernen von Sprachen findet sie häufige Anwendung, wenn es um das Behalten der einzelnen Vokabeln geht. Sie eignet sich aber ebenso für alle anderen Fakten und Informationen, die sich als kurze schriftliche Antworten auf eindeutige Fragen formulieren lassen, also chemische und mathematische Formeln, Geschichtsdaten, Gesetzestexte, Definitionen u.ä.

Für die Lernkartei brauchen Sie Karteikarten im Format DIN A7 und einen Kasten (30 x 11 cm, 5 cm hoch) mit fünf unterschiedlich großen Fächern. Diesen können Sie als „Lernkartei" oder „Lernbox" kaufen oder sich aus fester Pappe mit folgenden Maßen selbst bauen:

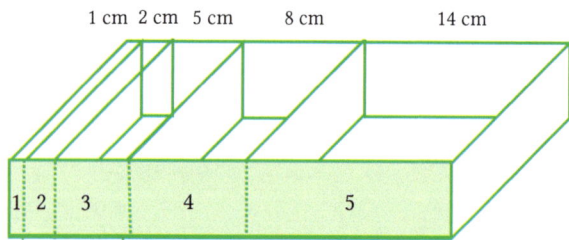

Abb. 16: Die Lernkartei

Am Beispiel einer Sprache will ich deutlich machen, wie Sie nun konkret vorgehen:

[1] Schreiben Sie die neuen, unbekannten Wörter, die Sie lernen wollen, auf je eine Karteikarte: das deutsche Wort auf die Vorderseite,

das fremdsprachliche Wort auf die Rückseite. Wenn Sie 30–40 Kärtchen beschrieben haben, stecken Sie diese in das erste Fach, und zwar so, dass die Vorderseite der Karteikärtchen mit den deutschen Ausdrücken Ihnen zugewandt ist.

[2] Nehmen Sie die erste Karte heraus und schauen Sie sich das deutsche Wort an. Versuchen Sie, ob Ihnen das neue Wort noch einfällt – ganz ohne Anstrengung, d.h. denken Sie nicht krampfhaft nach, sondern warten Sie zwei oder drei Sekunden.

[a] Wenn es Ihnen nicht einfällt, drehen Sie die Karte um, lesen Sie das Wort und sprechen Sie es möglichst auch laut. Dann kommt die Karte zurück ins erste Fach ans Ende des Stoßes. Nehmen Sie sich dann die nächste Karte vor.

[b] Wenn Ihnen dagegen das Wort eingefallen ist, drehen Sie die Karte zur Überprüfung um. Haben Sie sich korrekt erinnert? Dann wandert die Karte ins zweite Fach.

[3] So gehen Sie, Karte für Karte, den ganzen Stoß durch – manche Karten wandern ins zweite Fach, andere bleiben im ersten. Diesen Stapel im ersten Fach können Sie sich nun ein zweites Mal vornehmen. Vielleicht haben Sie nun auch noch einige dieser Vokabeln behalten und sie wandern damit auch ins zweite Fach, andere hartnäckige Wörter bleiben immer noch im ersten Fach. Diese müssen Sie wahrscheinlich drei-, vier- oder fünfmal, vielleicht sogar öfter anschauen, bis auch sie gelernt sind. Dies machen Sie so lange, bis nur noch drei Karten im ersten Fach übrig sind.

[4] Ebenso verfahren Sie mit dem inzwischen gefüllten zweiten Fach. Eine immer noch gewusste Vokabel rückt ein Fach weiter. Nicht mehr gewusste Vokabeln verbleiben im zweiten Fach und bekommen dadurch mindestens noch eine notwendige Runde extra, um gelernt zu werden.

Die **Vorteile der Lernkartei** sind recht eindeutig:

» Sie wenden die Lernhilfe mit den verschiedenen Sinneskanälen an, da Sie die Karteikarten selbst geschrieben haben und immer wieder mit ihnen hantieren. Außerdem sehen Sie diese vor sich und können beim Lernen laut mitsprechen.

» Sie bearbeiten jede Information mit Sicherheit mindestens 5-mal zu unterschiedlichen Zeiten und haben sie damit in Ihrem Langzeitgedächtnis gespeichert. Zu einem späteren Zeitpunkt brauchen Sie die notwendige Information nur noch auffrischen.

» Die Benutzung der einzelnen Fächer motiviert, weil Sie ganz unmittelbar zurückgemeldet bekommen, wie viel Sie bereits gelernt haben. Dies geschieht dadurch, dass eine Karte weiterwandert und zusätzlich durch den Anblick des wachsenden Stapels der gelernten Karten am Ende des Kastens.

» Sie haben eine realistische Lernkontrolle, denn die Stapel sind der Beweis.

» Sie widmen nur solchen Wörtern mehr Zeit, die Sie noch nicht wirklich gelernt haben. Damit wird allen anderen keine unnötige Aufmerksamkeit mehr gewidmet.

Die Mnemotechniken und Gedächtnisstützen

Im Grunde wenden diese beiden Lerntechniken einen kleinen, aber speziellen Trick an: Schwierige Informationen werden mit einer ganz einfach zu merkenden – am besten einer schon vertrauten – Information verknüpft. Fast schon spielerisch werden dadurch Assoziationen ausgelöst, die dann eine bessere Verknüpfung im Gehirn bewirken.

Erinnern Sie sich noch an das einleitende Kapitel dieses Buches und an das dort beschriebene A-B-C-Modell von Albert Ellis? Die Buchstabenfolge ist uns seit Kindheit derart vertraut und selbstverständlich, dass wir sie uns nicht mehr extra merken müssen. Schlauerweise hat Ellis sich das zunutze gemacht und für sein Modell Begriffe gewählt, die mit A (für action), B (für beliefs) und C (für consequences) beginnen, um so ganz unauffällig und nebenbei dafür zu sorgen, dass die Fachwelt seine Theorie schnell behält und benutzen kann.

Ort	Gliederung
Haustür	Thema nennen
Flur	Einleitung

Mein Zimmer	Theorie erläutern
Bad	Experiment und Ergebnisse
Küche	Schlussfolgerungen
Balkon	Ausblick und Fragen

Tab. 4: Ein Beispiel für die Locitechnik

Mnemotechniken greifen meistens auf bildhafte Verknüpfungen zurück, so wie etwa die sehr bekannte **Locitechnik**. Dabei nutzen Sie einen schlichten, am besten bekannten Weg, beispielsweise den Weg durch Ihre Wohnung, und verknüpfen mit jeder kleinen Etappe (Haustür – Flur – Mein Zimmer – Bad – Küche – Balkon) beispielsweise die Gliederung eines Einsprechthemas in einer mündlichen Prüfung. Das könnte dann so wie oben skizziert aussehen.

Während des Mini-Referats schreiten Sie nun in Gedanken die Etappen Ihrer Wohnung ab und wissen daher immer, an welchem Punkt der Gliederung Sie sich gerade befinden und was als Nächstes kommt.

Andere Techniken nutzen unseren Hang zur Rhythmik und der spielerischen Freude an Reimen. Daher gibt es etwa zu Geschichtsereignissen, bei denen auch die richtige Jahreszahl eine Rolle spielt, fast schon lustig wirkende Zweizeiler:

333 – Issos Keilerei

Eigentlich ist hier die ernsthafte kriegerische Auseinandersetzung von Alexander dem Großen mit dem Perserkönig Darius III. bei Issos gemeint. Das weiß Ihr Gehirn dann schon, aber es kam ja vor allem auf die korrekte Jahreszahl an. Und auch bei Grammatikregeln funktioniert die Leichtigkeit der Reime:

Wer brauchen ohne „zu" gebraucht,
braucht brauchen gar nicht zu gebrauchen.

Hier fällt es also durch einen fast spielerischen Umgang mit Wörtern dem Gehirn leichter, sich die Regeln zu merken.

Natürlich lassen sich Mnemotechniken und **Gedächtnisstützen** nicht für alle zu lernenden Dinge anwenden, aber vor allem dann, wenn es um absolut klare Fakten geht. Dies können sein:

» Zahlen: z.B. Geschichtszahlen

» Namen: z.B. die Götter der griechischen Mythologie

» Regeln: z.B. Grammatikregeln

» Abläufe: z.B. die Gliederung einer Rede.

Wenn Sie die Gedächtnisstütze selbst erfunden haben, kann Ihr Gehirn es sich besonders gut merken. Natürlich braucht es dafür auch ein paar Lerndurchgänge, bevor es die Gedächtnisstütze im Langzeitgedächtnis abgelegt hat.

Für immer und ewig:
Einmal gelernt und nie wieder vergessen

Gerade bei den Lernhilfen ist sicherlich deutlich geworden, dass Lernen ein aktiver Vorgang ist und nicht nur eine passive Aufnahme von Informationen. Gestalten Sie daher Ihre Lerneinheiten entsprechend, auch wenn es vielleicht nach viel Aufwand aussieht. Ihr Gehirn dankt es Ihnen! Unter anderem auch mit der Gewähr, dass es auf derartige Weise erarbeitendes Wissen nicht löschen wird. Wichtige Dinge wird es dazu in den Vordergrund schieben und Unwichtigstes in die letzte Reihe verbannen. Wenn Sie daher denken, dass Sie etwas doch schon einmal gewusst haben und sich wundern, dass es vergessen wurde, dann fehlt Ihrem Gehirn tatsächlich nur eine gewisse Routine, die entsprechende Information im Archiv zu finden. Es sucht und sucht und verwechselt dabei die eine oder andere gefundene Sache mit der eigentlichen. Da sich durch Auffrischen und Wiederholen ein ursprüngliches Wissen sehr schnell erneuern lässt, nämlich wesentlich schneller als beim allerersten Lerndurchgang, müssen einige Spuren davon noch vorhanden gewesen sein. Leider eben nicht so sicher auffindbar und auch noch leicht zu verwechseln. Dafür aber ist es gut zu wissen, dass ein Auffrischen von Wissen wirklich schneller geht, am besten immer dann, wenn Sie es tatsächlich benötigen. Das ist beispielsweise immer vor einer Prüfung der Fall, die ein Wissen abfragt, welches Sie bereits am Anfang des Semesters gelernt und angewendet hatten.

☺ **Gut zu wissen!**

Dies können Ihre nächsten Schritte sein:

[1] Nehmen Sie eine neue Aufgabe (z.B. ein Fachbuch lesen) und verschaffen Sie sich einen ersten Überblick über die zu erwartenden Inhalte.

[2] Gehen Sie genauso vor, wenn Sie nun mit dem ersten Kapitel beginnen: „Was erwartet mich dort konkret, wenn ich gleich lese?"

[3] Benutzen Sie verschiedene Sinneskanäle: mit den Augen lesen, vielleicht auch laut lesen (z.B. bei einer Fremdsprache), unterstreichen Sie und schreiben Sie Wichtiges heraus.

4.4   Entspannungsübung „Ein-Ruhe-Atmung"

Zu Beginn des 1. Teils dieses Buches finden Sie eine Beschreibung, wie Entspannung eigentlich wirkt und warum man sie auch gegen Prüfungsangst nutzen kann. Es empfiehlt sich, diese vorab zu lesen und dann erst an dieser Stelle mit der konkreten Übung fortzufahren, weil Sie dann den Zusammenhang und die Anweisungen besser verstehen.

4.4.1   Das Besondere an dieser Übung

Die Ein-Ruhe-Atmung ist eine sehr einfache Übung, bei der Sie dennoch zwei Grundfähigkeiten des Gehirns einsetzen, sodass damit eine letztendlich enorme Wirkung erzielt werden kann. Diese Fähigkeiten, die Suggestion und Konditionierung genannt werden, funktionieren bei dieser Übung folgendermaßen: Durch das Benutzen des Wortes „Ruhe" bildet Ihr Gehirn passende Assoziationen dazu und erlaubt

dem Körper, aus einer eben noch angespannten Haltung in eine lo-
ckere, ruhigere und damit entspannte Haltung zu kommen. Dies entspricht der Suggestion. Und die Konditionierung, was eigentlich ein
Lernvorgang des Gehirns ist, wirkt durch die Tatsache, dass zwei
schlichte Wörter nach mehreren entspannten Durchgängen wie ein
Schalter wirken, der in einen anderen Modus umschaltet. Einige, die
diese Übung regelmäßig machen, berichten davon, dass schon das Einnehmen der Sitzhaltung eine erste Entspannung mit sich bringt und
sie nur an die zugehörigen Begriffe „Ein" und „Ruhe" denken bräuch-
ten, um sich insgesamt angenehmer zu fühlen. Dem voran muss aber
der Lernvorgang der Konditionierung gegangen sein, den Sie durch
regelmäßiges Anwenden dieser Übung erreichen. Denn erst dann
denkt Ihr Gehirn ganz automatisch, dass es genau jetzt entspannen
soll und vor allem darf.

☺ **Gut zu wissen!**

Das Wichtigste an dieser Übung ist, dass Sie nur auf Ihre Atmung
achten werden und in Gedanken jeden Atemzug mit den Begrif-
fen „Ein" und „Ruhe" begleiten.

Damit sind Sie erst einmal beschäftigt, wenn auch nur minimal. Das
ist also nicht besonders anstrengend und trotzdem haben Sie eine
kleine Aufgabe durchzuführen. Darin liegt die Chance, dass Sie
dadurch alle anderen Gedanken verdrängen und mit dem Wort „Ruhe"
einen vor allem angenehmen Gedankeninhalt aktivieren. Sie müssen
übrigens nicht genau dieses Wort übernehmen, sondern können es
gern ersetzen durch jedes andere Wort, das den gleichen Zweck erfüllt
– also „ruhig", „nichts", „loslassen" oder was auch immer Ihnen selbst
eine entspannte Haltung suggeriert.

Die Einfachheit der Übung bringt es auch mit sich, dass sie nahezu an
jedem Ort, wo es einen Sitzplatz gibt, durchgeführt werden kann. Sollten Sie noch nicht einmal die Augen dabei schließen, kann es niemanden auffallen, was Sie tatsächlich gerade tun. Wobei geschlossene Augen im Bus, in der U-Bahn oder im Warteraum auch nichts Auffälliges
sind. Und weil sie so unauffällig ist, eignet sie sich hervorragend sogar

für die Prüfung selbst: Bei einer Klausur können sie an Ihrem Platz bleiben. Und in einer mündlichen Prüfung kann es wie ein Schalter wirken, wenn Sie sich vorher mit genügend vielen Durchgängen auf diese Übung konditioniert haben. Allein die zur Übung gehörende Sitzhaltung einzunehmen kann dann schon eine Entspannung bewirken.

4.4.2   Die Übung

Abb. 17: Grundhaltung für Entspannungsübungen

Stellen Sie sich innerlich darauf ein, dass Sie sich entspannen wollen. Nehmen Sie dazu die für viele Entspannungsübungen geltende Grundhaltung ein, indem Sie sich auf einem Stuhl möglichst bequem hinsetzen. Lehnen Sie sich dazu mit dem Rücken an, stellen Sie beide Füße auf die Erde und legen Sie die Hände in den Schoß. Schließen Sie die Augen oder gucken Sie vor sich auf den Boden. Nehmen Sie ein paar tiefe Atemzüge, indem Sie einatmen und langsamer wieder ausatmen. Jetzt können Sie mit der Übung beginnen.

Nehmen Sie zunächst wahr, wie Ihr Körper gerade atmet. Ohne Ihr Zutun atmen Sie ganz automatisch in einem bestimmten Tempo und mit einer bestimmten Tiefe. Es geht nur darum, genau das zu registrieren. Dabei machen Sie sich bewusst, dass jeder Atemzug wie aus zwei Teilen besteht: dem Einatmen und dem Ausatmen. Für die eigentliche Übung sollen Sie in Gedanken nun jedes Einatmen mit dem Wort „Ein" und jedes Ausatmen mit dem Wort „Ruhe" begleiten. Sie machen also nichts weiter als Ihre Atmung wahrzunehmen und jedem Teil der Atemzüge den richtigen Begriff zuzuordnen. Sie werden denken, dass das ja nun nicht besonders schwer ist. Das stimmt natürlich, denn Sie sollen ja nicht wegen einer schwierigen Aufgabe auch noch Stress bekommen. Und dennoch sind Sie mit dieser Aufgabe beschäftigt und lenken Ihre bisherigen Gedankenströme auf etwas Angenehmes. Nach einigen Durchgängen werden Sie merken können, dass das guttut und dass Ihre Atmung vielleicht sogar tiefer und damit ruhiger und entspannter wird.

Die Übung hat funktioniert, wenn Sie insgesamt ruhiger geworden sind. Dies zeigt sich an tieferen Atemzügen und einem wärmeren Körpergefühl.

4.4.3 Mögliche Folgen

Nicht jede*r bemerkt bei dieser Art von Übung einen deutlich entspannenden Effekt. Es tut dann vielleicht irgendwie auch gut, ist aber nicht entspannend, weil man doch eher abgelenkt wird durch stressende Gedanken oder auch einfach so abschweift. Deshalb sind in diesem Buch noch weitere Entspannungstechniken beschrieben, die Sie einmal ausprobieren können. Wahrscheinlich gefällt Ihnen dann eine Übung besser, bei der Sie insgesamt aktiver sind. Das passiert vor allem bei der Kurzform der Progressiven Muskelentspannung, die in 2.4 beschrieben wird.

Manche mögen diese Übung nicht, weil sie merken, dass sie nicht nur auf die Atmung achten, sondern auf einmal ganz bewusst und damit kontrolliert zu atmen beginnen. Eine in diesem Zusammenhang benutzte Formulierung beschreibt die eigentlich automatisch ablaufende

Atmung deshalb auch mit den Worten „es atmet mich“. Dies macht noch mal deutlich, dass nicht ich es bin, der selbst aktiv atmet. Wenn Sie das aber bei der Übung nicht verändern können, dann probieren Sie einmal die Entspannungsübungen der Kapitel 2 und 4, die ganz anders funktionieren.

Sollten Sie Müdigkeit oder Schmerzen erst während der Entspannung bemerken, so sind diese nicht durch die Übung erzeugt, sondern sie werden zum ersten Mal bewusst wahrgenommen.

4.4.4   Entspannen – so oft Sie wollen

Ihr Körper muss erst lernen, was Sie eigentlich mit dieser für ihn zunächst „komischen Übungen“ vorhaben. Obwohl es spontan immer guttut, nutzen Sie besser auch hier den mittelfristigen Lernvorgang der Konditionierung: Je häufiger Sie genau die eine Übung auf dieselbe Art und Weise machen, umso stärker verselbständigt sich der Entspannungsvorgang. Also machen Sie die Entspannungsübung, wann immer Sie Lust dazu haben oder Sie gerade eine Entspannung brauchen. Das kann z.B. jede kleine Pause sein. So begreift nach mehrmaligen Durchgängen auch der Körper, dass er sich wirklich entspannen darf und Sie ihn dabei aktiv unterstützen.

4.5   Der Blackout – Teil 2

Im Kapitel 2.5 fanden Sie bereits den ersten Teil zum Thema „Blackout“, als es darum ging, was man schon im Vorfeld tun kann, um die Gefahr eines Totalausfalls zu mindern.

Nun haben Sie mit meiner Methode viel an sich gearbeitet und daher sollte sich ein Blackout gar nicht mehr aufbauen können. Was aber, wenn doch? Jetzt brauchen Sie ein Notprogramm, um die Prüfung nicht abbrechen zu müssen. Dieses Notprogramm besteht aus unterschiedlichen Strategien und hier müssen wir zwischen einer mündlichen Prüfung und einer Klausur unterscheiden.

Während einer mündlichen Prüfung

Während einer Klausur sollte es natürlich absolut still sein. Es wird auch nicht ständig geschrieben, sondern auch nachgedacht. Prüfer*innen wünschen sich eine mündliche Prüfung dagegen gern als „Gespräch" und nicht nur einen schlichten Frage-Antwort-Ablauf. Letztendlich bedeutet dies, dass keine ruhigen Pausen entstehen. Wenn Sie aber wegen eines Blackouts nicht antworten, dann könnten Prüfer*innen zu dem Schluss kommen, dass Sie die Antwort eben nicht wissen. Man sieht es Ihnen ja nicht an, wie wild es gerade im Kopf rattert. Teilen Sie daher mit, was gerade passiert. Wohlgesonnene Prüfer*innen versuchen nun, die Aufregung runterzukochen. Eine kleine Pause, ein Themenwechsel oder eine neue Frage können dabei behilflich sein.

☺ Gut zu wissen!

Tipp | Sprechen Sie an, was wohl gerade passiert, und wiederholen Sie die Frage mit eigenen Worten. Beginnen Sie etwa so: „Ich glaube, ich habe gerade einen Blackout. Ich will mal versuchen, ob ich Ihre Frage mit eigenen Worten wiederholen kann."

Oder: „Ich glaube, ich habe gerade einen Blackout. Könnten Sie die Frage bitte noch mal wiederholen?"

Sie haben schon bei den Erläuterungen zu den Entspannungsübungen erfahren, wie unser Gehirn über Körperübungen beeinflussbar ist. Da jetzt aber keine Zeit für eine etwas längere Entspannungsübung ist, bietet sich eine unauffällige Übung aus der Hatha-Yoga an.

☺ Gut zu wissen!

Tipp | Eine kleine Übung aus der Hatha-Yoga: Lassen Sie die Schultern fallen und atmen Sie durch die Nase ruhig ein und aus. Pressen Sie die Unterseite der Zunge in die Gaumenhöhle und halten Sie den Druck mehrere Atemzüge. Lösen Sie die Zunge wieder und entspannen Sie bewusst den Unterkiefer.

Mit Sicherheit ging dem Blackout eine Serie von negativen Gedanken voraus. Dem halten Sie jetzt ein positives Motto entgegen.

☺ **Gut zu wissen!**

Tipp | Sagen Sie sich im Stillen einen motivierenden Satz, den Sie am besten schon vorher gefunden und häufig gedacht haben, z.B. „So, ich habe dafür lange gelernt und jetzt versuche ich hier, mein Wissen anzuwenden.

Um nun wieder in einen Arbeitsmodus zu kommen, hilft es, an den Moment zurück zu kehren, bevor der Faden gerissen ist. Ihnen wurde beispielsweise eine Frage gestellt und Sie hatten vielleicht schon mit einem ersten Satz begonnen, als plötzlich das Gehirn blockierte. Formulieren Sie laut, an was Sie sich zuletzt erinnern.

☺ **Gut zu wissen!**

Tipp | Spulen Sie nun „den Film zurück" und formulieren Sie laut, z.B.: „Moment mal! Ich war gerade dabei zu erläutern, wie X und Y zusammenhängen. An dieser Stelle wäre es vielleicht wichtig zu erwähnen ...". Und von hier aus starten Sie einen neuen Versuch für die Antwort.

Während einer Klausur

In der Klausur ist es letztendlich etwas angenehmer, weil keine abwartenden Augenpaare auf Sie gerichtet sind. Sie können die vorgeschlagenen Strategien anwenden, ohne dies den Prüfer*innen erläutern zu müssen und sich dabei beobachtet zu fühlen.

Beginnen Sie mit einem Ablenkungsprogramm und beeinflussen Ihr Gehirn mit Hilfe einer Körperübung in eine günstige Richtung.

☺ Gut zu wissen!

Tipp | Sie sind unbeobachtet und können das Denken für ein paar Minuten unterbrechen. Machen Sie idealer Weise Ihre eigene, bewährte Entspannungsübung (die müssen Sie natürlich vorher häufig genug praktiziert haben, damit sie jetzt im Ernstfall funktioniert).

Oder wenigstens die für die mündliche Prüfung empfohlene Übung aus der Hatha-Yoga: Lassen Sie die Schultern fallen und atmen Sie durch die Nase ruhig ein und aus. Pressen Sie die Unterseite der Zunge in die Gaumenhöhle und halten Sie den Druck mehrere Atemzüge. Lösen Sie die Zunge wieder und entspannen Sie bewusst den Unterkiefer.

Auch hier muss mit Sicherheit dem Blackout eine Serie von negativen Gedanken voraus gegangen sein. Halten Sie jetzt ein positives Motto dagegen.

☺ Gut zu wissen!

Tipp | Sagen Sie sich im Stillen einen motivierenden Satz, z.B. „O.k., ganz ruhig. Versuchen wir es noch mal. Was hatten wir denn schon?"

Und auch hier wollen Sie ja wieder in einen Arbeitsmodus kommen. Kehren Sie an den Moment zurück, bevor der buchstäbliche Faden gerissen ist: Sie waren mit der Lösung einer Aufgabe beschäftigt und dann stecken geblieben. Versuchen Sie es aber nicht auf die gleiche Art, sondern verändern Sie etwas: Wenn Sie beispielsweise gerade etwas geschrieben haben, dann machen Sie sich zunächst nur Stichpunkte, die erst im nächsten Schritt ausformuliert werden. Oder bei einer Rechenaufgabe schauen Sie sich an, was Sie bisher gerechnet haben und finden möglicherweise die Stelle vorher, wo Sie begonnen haben, sich zu verrennen.

☺ Gut zu wissen!

Tipp | Spulen Sie nun „den Film zurück": gehen Sie bei der Aufgabe an eine Stelle zurück, wo Sie etwas vorhatten zu bearbeiten. Von hier aus starten Sie einen neuen Versuch für die Antwort.

5 Alles ist gelaufen: Nach der Prüfung ●

Das war eine Menge Arbeit – jetzt ist es geschafft und vorbei.
Gut, dass ich es gemacht habe!

Wochenlang, manchmal Monate hat man auf diesen Moment hingearbeitet und gehofft, es möge doch endlich hinter einem liegen. Und dann ist es plötzlich vorbei. Die Erwartungen an sich und seine Leistung sind nun Wirklichkeit geworden. Sie können sich positiv bestätigt oder aber auch nicht erfüllt haben und damit bleibt eher ein Gefühl der Enttäuschung zurück. Um zu solchen Ergebnissen zu kommen, beginnt man, die eigentliche Aktion zu analysieren. „Habe ich präsentieren können, was in meinem Kopf seit Wochen zwischenlagert? Welchen Eindruck habe ich hinterlassen und entspricht das Ergebnis meinen Vorstellungen?" Was aber ist, wenn man durchgefallen ist? Oder, wenn die Zensur wie bei einer mündlichen Prüfung sofort feststeht: lauter Überlegungen, dass die Prüfung zwar geklappt hat, es aber auch ganz schön knapp war oder längst nicht den vorherigen Leistungen entspricht. Sie sehen, es gibt zu diesem Zeitpunkt viele Gelegenheiten, durchaus skeptische Fragen und kritische Bemerkungen zur Sache fallen zu lassen. Und damit kann selbst das Ergebnis einer bestandenen Prüfung im Nachhinein zunichte gemacht werden.

Dies geschieht durch entsprechendes Nörgeln über sich selbst oder Schimpfen auf die „strengen Prüfer*innen mit den fiesen Fragen". Oft müssen auch die sonstigen Rahmenbedingungen herhalten und daher war „der Raum wirklich ungemütlich" und „die Tageszeit war absolut ungünstig gewählt". Auf der Zeitskala entspricht die Phase nach der Prüfung dem Zeitpunkt IV:

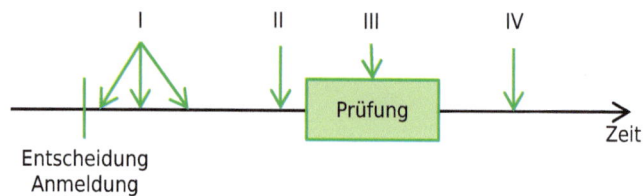

Abb. 18: Die Zeitskala mit den vier wichtigen Zeitpunkten

5.1 Das erwartet Sie in diesem Kapitel

Mit den drei Elementen des Triadischen Modells gegen Prüfungsangst können Sie den negativen Gedanken und der Prüfungsangst begegnen:

[1] Im ersten Abschnitt geht es um die Zeit nach der Prüfung. Eigentlich ist schon alles vorbei. Aber die anschließende persönliche Bewertung trifft schließlich Aussagen über die eigene Person, über Prüfungen an sich und natürlich auch dazu, ob und wie zukünftige Prüfungssituationen bewältigt werden. Und da die aktuellen Prüfungen sehr wahrscheinlich nicht die letzten in Ihrem Leben sein werden, können damit gerade auch zu diesem Zeitpunkt Prüfungsängste begründet oder gefestigt werden.

[2] Der Abschnitt Lerntechniken stellt in diesem Kapitel den Arbeitsplatz in den Mittelpunkt. Sie können für sich überprüfen, welche der vorgestellten Tipps Sie bereits erfolgreich anwenden oder Sie entdecken den einen oder anderen neuen Hinweis, wie Sie Ihre Arbeitsumgebung und den eigentlichen Arbeitsplatz gestalten sollten, um ideale Lernbedingungen vorzufinden.

[3] Und als Entspannungsmethode lernen Sie die Fantasiereise „Ein wunderbarer Ort" kennen. Dies ist eine sehr einfache, über innere Bilder wirkende Entspannungsübung, die Sie an jedem Ort mit einer Sitzmöglichkeit anwenden können. Sollte Ihnen diese Übung nicht gefallen, dann finden Sie in den übrigen Kapiteln weitere Methoden zum Ausprobieren.

5.2 Zeitpunkt 4: Nach der Prüfung

> „Kaum bin ich aus dem Raum rausgegangen, merke ich, wie die An-
> spannung von mir fällt. Ich könnte heulen. Und mich über mich
> selbst ärgern. Dabei müsste ich doch froh sein, dass es geschafft ist.
> Mir fällt im Nachhinein aber so viel ein, was ich hätte sagen können
> oder tun sollen. Ich habe mich stattdessen total peinlich verhalten.
> Rot bin ich geworden und hab nur mit piepsiger, unsicherer Stimme
> geantwortet. Wenn ich überhaupt was gesagt habe. Ich kann mich
> in solchen Situationen überhaupt nicht verkaufen. Wofür ich den-
> noch eine 2 bekommen habe, ist mir schleierhaft. Die wollen mich
> lieber loswerden, damit ich ja nicht noch mal auftauche. Ich bin ein-
> fach keine Prüfungstyp!“

Die betroffene Person beschreibt es in dem Beispiel ziemlich gut: Prüfungsangst ist kein Phänomen, das auf die Zeit vor oder während der
Prüfungen beschränkt bleibt.

Vielleicht war Ihnen schon beim Prüfungsangst-Check aufgefallen,
dass Sie Aussagen bestätigen konnten, die sich auf die Zeit danach
beziehen und die atmosphärisch vor allem nach starker **Selbstkritik**,
Enttäuschung und **Pessimismus** klingen. Solche Aussagen bilden
dann die Grundlage für die persönliche Einstellung hinsichtlich der
zukünftigen Prüfungen oder verfestigen eine längst vorhandene Einstellung. Daher soll es nun darum gehen, solche Aussagen festzuhalten und zu verändern.

5.2.1 Finden Sie Ihre Selbstverbalisationen

Im Prüfungsangst-Check am Anfang des Buches gab es auch einige
Bemerkungen, die Gedanken und Zweifel zu diesem Zeitpunkt nach
der Prüfung ausdrücken. Einen Auszug genau dieser Bemerkungen
finden Sie hier unten noch einmal aufgeführt. Gehen Sie die einzelnen
Bemerkungen zunächst Satz für Satz durch und entscheiden Sie möglichst spontan, ob die Bemerkung so auch von Ihnen hätte sein können. Dabei kommt es nicht auf die Formulierung an, sondern auf den
Inhalt an sich:

Ich weiß gar nicht, wofür ich die Zensur eigentlich bekommen habe. ● Ja □ Nein □

Ich hatte totales Glück und die richtigen Fragen bekommen. Mit anderen Themen hätten die voll meine Lücken erwischt.
● Ja □ Nein □

Ich habe wirklich viel vorher gemacht und jetzt habe ich so schlecht abgeschnitten. ● Ja □ Nein □

Das lief nur deshalb gut, weil ich mir die netteste Prüfer*in ausgesucht habe. ● Ja □ Nein □

Hoffentlich begegne ich der Prüfer*in jetzt nicht auf dem Flur.
● Ja □ Nein □

Das war peinlich, weil bestimmt alle gemerkt haben, dass ich Angst hatte. ● Ja □ Nein □

Das lief zwar irgendwie ganz gut, aber beim nächsten Mal ist ja alles schwerer. ● Ja □ Nein □

Die haben mir doch nur eine bessere Zensur gegeben, weil sie mich irgendwie damit motivieren wollen (oder: weil sie es auch nur hinter sich haben wollen). ● Ja □ Nein □

Siehste! Ich bin eben kein Prüfungstyp. Ich kann so etwas nicht.
● Ja □ Nein □

Ich habe mich total bescheuert verhalten. ● Ja □ Nein □

Ich hätte viel mehr sagen sollen, statt dazusitzen und zu schweigen. ● Ja □ Nein □

Das Ergebnis geht in die Gesamtnote ein – damit krieg ich doch keinen Master (oder Job). ● Ja □ Nein □

Es fing schon mit der ersten Frage schlecht an und dann habe ich nicht mehr die Kurve gekriegt. ● Ja □ Nein □

Ich habe für das ganze Studium viel zu lange gebraucht. Dafür hätte ich auch besser abschneiden müssen. ● Ja □ Nein □

Und dann bin ich auch noch rot geworden (oder: hab gestottert/ oder: habe so stark geschwitzt). Da war dann alles endgültig aus. ● Ja □ Nein □

Dies sind zwar typische Aussagen von Teilnehmer*innen unserer Gruppen gegen Prüfungsangst. Dennoch kennen Sie vielleicht von sich noch weitere eigene negative Gedanken, die im Anschluss an eine Prüfung auftauchen können? Nehmen Sie sich bitte 10 Minuten Zeit und überlegen, welche dies sind und notieren Sie diese wortwörtlich. Für bis zu sechs eigene Formulierungen haben Sie hier Platz:

[1] _____

_____

_____

[2] _____

_____

_____

[3] _____

_____

_____

[4] _____

_____

_____

[5] _____

_____

_____

[6] _____

_____

_____

5.2.2 Legen Sie Karteikarten an

Übertragen Sie nun die zu Ihnen passenden Bemerkungen auf Kartei-karten. Beachten Sie dabei: Für jede Bemerkung legen Sie eine eigene Karte an und die aus dem Prüfungsangst-Check übernommenen For-mulierungen müssen dabei noch in eigene Worte umformuliert wer-den. Und zusätzlich schreiben Sie auf diese negative Seite noch den abschließenden Hinweis: Stopp! Ich will anders darüber nachdenken.

5.2.3 Formulieren Sie negative Gedanken um

Wenn Sie Ihre Sammlung und das Ausfüllen der Karteikarten abge-schlossen haben, dann können Sie sich nun darum kümmern, die an-dere Seite der Medaille anzuschauen. Denn die Angst machenden und einschränkenden Gedanken sollen nun systematisch durch unterstüt-zende Mottos ersetzt werden.

Zur Erinnerung sind im Kasten noch mal die Regeln aufgeführt, die Sie dabei beachten müssen (die ausführlichere Erläuterung dazu fin-den Sie im 2. Kapitel des 1. Teils).

☺ Gut zu wissen!

Regeln zur Umformulierung:

[1] Gleicher Inhalt

[2] Eigene Worte

[3] Positive Formulierung

[4] Realistische Einschätzung

Werfen Sie doch erst noch mal einen Blick auf die nachfolgende Tabelle, in der beispielhaft einige der typischen Bemerkungen schon umformuliert sind. So bekommen Sie eine ungefähre Idee, wie es funktioniert, und können es für Ihre Karteikarten nun selbst probieren.

Negativ	Unterstützend
Ich hätte viel mehr sagen sollen, statt dazusitzen und zu schweigen	Beim nächsten Mal versuche ich, mehr zu sprechen. Das übe ich vorher zuhause oder in der AG.
Ich hatte totales Glück und die richtigen Fragen bekommen. Mit anderen Themen hätten die voll meine Lücken erwischt.	Es ist gut gelaufen, denn ich konnte zu allen Fragen etwas sagen.
Ich weiß gar nicht, wofür ich die Zensur eigentlich bekommen habe.	Ich war da und hab meine Sache wohl ganz gut gemacht. Die Zensur drückt das jedenfalls aus.
Siehste! Ich bin eben kein Prüfungstyp. Ich kann so etwas nicht.	Prüfungen gehören dazu und ich hake sie ab, so gut ich es eben kann.
Und dann bin ich auch noch rot geworden. Da war dann alles endgültig aus.	Mit diesem Buch tue ich etwas gegen meine Angst und kann nächstes Mal insgesamt ruhiger sein und die Prüfung bis zum Ende durchhalten.
Das war peinlich, weil bestimmt alle gemerkt haben, dass ich Angst hatte.	Was die anderen denken, ist mir so egal wie möglich. Wichtiger ist es, dass ich mich mit der Antwort auf die Frage beschäftige.

| Das lief nur deshalb gut, weil ich mir die netteste Prüfer*in ausgesucht habe. | Die nette Prüfer*in und ich haben zusammen eine gute Prüfung hinbekommen. |

Tab. 5: Negative Gedanken und passende Umformulierungen

Finden Sie nun für alle Ihre Karteikarten eine solche neue, unterstützende Formulierung anstelle des bisherigen, Angst machenden Gedanken. Schreiben Sie dieses neue Motto auf die noch freie Seite der Karteikarte.

5.2.4 Wie Sie die Karteikarten verwenden

Sie haben jetzt einige vollständige Karteikarten, die eigentlich genauso aussehen wie Karten, die man sich zum Lernen erstellt: Wenn Sie z.B. eine Sprache lernen wollen, dann steht auf der einen Seite das deutsche Wort und auf der Rückseite – zur Erinnerung, als Gedächtnishilfe und zur Wissenskontrolle – das entsprechende Wort in der unbekannten Sprache.

Genau in diesem Sinne benutzen Sie die eben angelegten Karteikarten: Immer, wenn Sie in der entsprechenden Situation tatsächlich sind oder sich diese ausmalen, wird es vorkommen können, dass einer der altbekannten negativen Gedanken Ihnen durch den Kopf geht. Dann suchen Sie unter all Ihren Karten die entsprechende Karte dazu heraus. Sie erkennen die passende Karte natürlich sofort wieder und denken vielleicht „Siehste, da ist es schon wieder!" Aber nun kommt das Neue. Folgen Sie der Aufforderung, die ja zum Glück gleich unten auf der Karte steht: „Stopp! Ich will anders darüber nachdenken!" Und deshalb drehen Sie die Karte jetzt um. Und dort steht ein gut durchdachtes, neues Motto. Widmen Sie sich diesem positiven Motto, stimmen Sie der Aussage innerlich zu und legen dann die Karte zur Seite. Fahren Sie nun mit der Sache fort, von der Sie gerade durch die Gedanken abgehalten wurden, und lassen Sie sich dabei von dem unterstützenden Motto beeinflussen.

So verfahren Sie immer, wenn entsprechende Gedanken aufkommen. Dadurch bieten Sie Ihrer Psyche gleich das neue Motto an und sie wird es mehr und mehr anerkennen als das, wonach sie sich richten will. Sie können sich auch zwischendurch einmal die Karten anschauen. Erkennen Sie dann immer den alten Gedanken als etwas von Ihnen und drehen sofort die Karte um, damit Sie sich vor allem dem neuen Motto widmen können. Malen Sie sich z.B. eine Prüfungssituation in Gedanken aus, in der dieses neue Motto von Ihnen umgesetzt wird. Dies könnte folgendermaßen aussehen: Bisher haben Sie befürchtet, dass Sie in einer mündlichen Prüfung auf eine Frage hin möglicherweise schweigen würden. Ihr neues Motto könnte nun lauten „Ich versuche, laut zu denken, und dabei das Thema, um das sich die Frage dreht, auszuformulieren und kann so zu den konkreten Inhalten kommen. Stellen Sie sich daher in Ihrer Fantasie den Raum, die Prüfer*in und sich selbst dort sitzend vor. In dieser Vorstellung werden Sie etwas gefragt und Sie versuchen nun, Ihr neues Motto anzuwenden und beginnen, tatsächlich laut zu denken. Was passiert dadurch Neues in Ihrer Fantasie? Stellen Sie sich vor, wie Sie sich sprechen hören und wie die Prüfer*in Ihren Ausführungen folgt. Es könnte sein, dass diese*r Sie ergänzt oder korrigiert und Sie sich dadurch immer mehr in Richtung der Antwort bewegen. Wie verändert sich die gesamte Atmosphäre der Prüfung, wenn Sie sich so verhalten? Durch dieses Durchspielen in der Fantasie bieten Sie sich und Ihrer Psyche eine neue Sicht der Dinge an. Damit steigt die Wahrscheinlichkeit, dass etwas in dieser Art eintreten kann.

5.3 Lerntechniken: Der Arbeitsplatz

Die Grundidee ist, dass der Arbeitsplatz ein Ort sein soll, an dem gearbeitet werden kann und der idealerweise nur genau diesem Zweck dient. Betrachten Sie Ihren Arbeitsplatz einmal von außen: signalisiert er selbst Fremden eindeutig, was Sie dort tun? Oder ist man auf den ersten Blick orientierungslos und fragt sich, wozu etwa der Tisch in Ihrem Zimmer gerade genutzt wird? Da stehen Urlaubsfotos neben einem Kuchenteller und auf dem Tisch verteilt liegen eine Zeitschrift, ein Fachbuch, ein offener Ordner und ein paar Stifte. Durch dieselbe

Brille wie die einer*s Fremden nimmt nämlich auch Ihr Gehirn diesen
Ort wahr und versucht nun aufgrund dieser Informationen herauszu-
finden, was als Nächstes geschehen wird. Und kommt spontan zu dem
Schluss: Da liegt zwar etwas, mit dem man für die Uni arbeiten könnte,
aber netter ist es, die Zeitschrift zu blättern und den Kuchen zu essen.

Es liegt also an Ihnen, wie Sie sich selbst deutlich machen, was als
Nächstes getan werden soll. Auf dem Schreibtisch signalisieren daher
Buch, Ordner und Stifte, dass hier gearbeitet werden soll. Und deshalb
bleiben der Kuchen und die Zeitschriften in der Küche, wo Sie sehr
gut eine Pause verbringen können. So bringen Sie sich gar nicht erst
in ablenkender Weise auf falsche Gedanken.

5.3.1   In der Bibliothek oder zuhause arbeiten?

Eine Bibliothek repräsentiert optimal das Lernen und Arbeiten für ein
Studium: Buch an Buch wechseln sich ab mit denkenden, lesenden o-
der schreibenden Menschen. Die Stille bedeutet Konzentration und
Ernsthaftigkeit. Von dieser Atmosphäre lassen Sie sich ruhig beeinflussen und das vielleicht vorhandene schlechte Gewissen, das Sie dort
haben, weil Sie irgendwo im Internet surfen, geht nur weg, wenn Sie
genau das tun, was die Stimmung in der Bibliothek ermöglicht.

Zuhause entsprechen solche Bedingungen einem Arbeitszimmer. Dies
ist ein Raum in der eigenen Wohnung oder im eigenen Haus, der nur
zu diesem Zweck betreten wird. Entsprechend zweckdienlich ist der
Raum gestaltet. Sie dürfen sich als Bild gern die Werkstatt eines Au-
tomechanikers vorstellen: Alles, was er zum Reparieren von Autos benötigt, hat er in Griffweite. Und es gibt eine Hebebühne und verschiedene kleine Maschinen.

Probieren Sie doch einmal aus, ob die Bibliothek ein guter Arbeitsplatz
ist oder ob Sie motivierter, leichter und zufriedener Zuhause arbeiten
können. Beachten Sie dann, dass es mehr Möglichkeiten geben kann,
sich abzulenken und damit das Arbeiten hinauszuschieben: Nebenbei
startet man die Waschmaschine, bekommt Post, könnte eben mal den
Fernseher anmachen oder mit Mitbewohner*innen quatschen. Woh-
nungen sind übrigens häufig am saubersten, wenn eigentlich andere

dringende Arbeit ansteht. Wenn Sie also Ihr Zuhause zum Arbeitsplatz erklärt haben, dann ist z.b. Ihr Zimmer für andere tabu, wenn die Tür geschlossen ist. Allen möglichen Ablenkungen widmen Sie sich stattdessen in den Pausen: ein paar Treppen zu steigen, um Post aus dem Briefkasten zu holen, ist eine gute Unterbrechung der Arbeit. Aber Vorsicht – es sollte doch nur eine Pause sein! Nach 5–10 Minuten sitzen Sie wieder am Schreibtisch!

5.3.2 Der Extremfall macht es deutlich: eine 1-Raum-Wohnung mit nur einem Tisch

Das Besondere an einer kleinen Wohnung ist ja, dass jeder Quadratzentimeter optimal genutzt wird. Daher ist es meistens gar nicht anders möglich, als nur einen einzigen Tisch hinzustellen, der dann vielen verschiedenen Zwecken dienen muss und daher Schreibtisch, Esstisch, Spieltisch und vieles mehr sein kann. In diesem Fall sollte die Sache, wofür Sie den Tisch gerade brauchen, für Sie selbst und von außen betrachtet eindeutig sichtbar sein. So verändert sich jedes Mal, wenn Sie die Funktion des Tisches ändern müssen, damit auch das gesamte Erscheinungsbild. Zum Essen verschwinden Arbeitsmaterialien und Sie decken den Tisch (ruhig auch mit einer Tischdecke oder einer Kerze, die es sonst nicht gäbe). Zum Arbeiten wird alles abgedeckt, der Tisch abgewischt und alle Arbeitsmaterialien, die Sie benötigen, werden verteilt. Man erkennt: Hier wird gearbeitet. Sie wollen abends am Computer noch ins Internet, surfen, spielen, Musik hören? Dann verschwindet alles, was mit Arbeiten zu tun hat im Regal, etwas zu trinken steht neben der Tastatur und Sie machen es sich richtig bequem. Auch jetzt sehe ich als Außenstehende*r sofort ganz genau, was hier angesagt ist: Gearbeitet wird hier mit Sicherheit nicht, obwohl Sie am Computer sitzen – Freizeit, Ablenkung, Erholung steht an!

5.3.3 Konkrete Rahmenbedingungen eines optimalen Arbeitsplatzes

Neben der eben beschriebenen atmosphärischen Wirkung können Sie einige sehr konkrete Dinge beachten.

Tisch und Stuhl

Jenseits aller Normen, die es für die Möblierung von Arbeitsplätzen gibt, gilt es, dass Sie einen Tisch haben, an dem Sie genau so arbeiten können, wie Sie es möchten. Wenn Sie sich gern ausbreiten, muss er einfach genug Platz für alle Ihre Arbeitsmaterialien bieten. Vermeiden Sie es, die Sachen im großen Umkreis auf Boden, Bett und Stühlen zu verteilen. Wollen Sie **ergonomische Kriterien** beachten, dann sollte der Tisch eine Arbeitshöhe wenige Zentimeter unter der Höhe der Ellenbogen haben, sodass Sie die Unterarme entspannt auf den Tisch legen können (empfohlene DIN-Norm: 68–76 cm). Der Stuhl dazu ist höhenverstellbar mit Armlehnen zur Entlastung der Schultern. Beim Sitzen sollten die Füße auf dem Boden stehen und Ober- und Unterschenkel einen Winkel von mindestens 90° haben.

Arbeitsmaterialien

Jede*r entwickelt im Laufe des Studiums einen eigenen Stil: Der eine unterstreicht beim Lesen mit Bleistift und benutzt verschiedene Linien. Ein anderen schwört auf seine vier Marker mit unterschiedlichen Farben, die alle eine andere Bedeutung haben. Lose Blätter für Ordner und Hefter oder ein bereits gebundenes Heft als Journal sind Gewohnheiten, die nicht einfach beliebig verändert werden können. Sorgen Sie dafür, dass Sie, egal wo Sie arbeiten, Ihre **persönlichen Materialien** immer dabei bzw. auf dem Schreibtisch immer in Griffnähe haben. Wenn etwas fehlt, kostet es nämlich zusätzlich Energie, sich mit der neuen, ungünstigen Situation zu arrangieren. Es ist besser, wenn Sie diese Energie zum Lernen benutzen können. Das Motto lautet: in Ruhe arbeiten, statt sich über fehlende Stifte, Papier, Lineal, Klarsichthüllen, Hefter oder Papierkorb zu ärgern.

Raumtemperatur

Es gibt einen Unterschied zwischen einer Wohlfühltemperatur und der notwendigen Wärme zum geistigen Arbeiten: ganze **2–4° unter der gewöhnlichen Raumtemperatur** genügen, da auch bei geistiger Tätigkeit der Kreislauf stark angeregt ist und Energie verbraucht. Dagegen ist vor dem Fernseher sitzen oder eine Illustrierte blättern so anspruchslos, dass wir bei dieser niedrigen Temperatur frieren würden und deshalb die Heizung höher drehen dürfen.

Licht und Farbe

Tageslicht ist immer dem künstlichen Licht vorzuziehen, weil Fenster mit dem Blick nach draußen gleichzeitig einen indirekten Kontakt zur Außenwelt ermöglichen und insgesamt ein behaglicheres Wohnklima schaffen. Mindestens im Winter geht es aber gar nicht ohne zusätzliche Lichtquellen.

Das Ziel ist, einen zu großen Kontrast zwischen dem Schreibtisch und der Umgebung zu vermeiden, um das Auge zu entlasten. Das erreichen Sie am besten dadurch, wenn der Raum selbst eine allgemeine Beleuchtung hat, das sogenannte **Raumlicht**. Und dann sollte es direkt dort, wo Sie arbeiten, noch das **Zonenlicht** geben. Dies ist eine zusätzliche Arbeitslampe, die entspanntes Lesen ermöglicht. Für den Raum reicht also eine Deckenlampe, die genügend Licht gibt, um sich im Raum zurechtzufinden. Am Schreibtisch selbst ist eine Beleuchtungsstärke von mindestens 50 Watt nötig. Hier soll das Licht aber auf dem PC keine Reflektionen bilden und generell nicht blenden. In der dunkleren Jahreszeit mag eine helle Lampe, die wie ein Spot in einem Polizeiverhör auf Sie am Tisch sitzend gerichtet ist, Ihre Mitbewohner beim Blick durch die Tür zwar beeindrucken, ist für Sie aber ebenso ermüdend wie andererseits eine zu sparsame Beleuchtung.

Weil Farben auf das vegetative Nervensystem wirken und damit unseren Allgemeinzustand beeinflussen, kann man hier zum Licht noch einen weiteren Akzent setzen. **Blau-grüne Farben** wirken stärkend hinsichtlich Konzentration, Einzelarbeit und Wissensaufnahme, während **orange-gelbe Farben** allgemein die Aktivität fördern und damit Kommunikation oder Kreativität unterstützen.

Luft und Gerüche

Eine gute Raumatmosphäre hängt noch von einem weiteren Faktor ab: der Qualität der Luft. Schlechte, verbrauchte Luft erzeugt Müdigkeit, Konzentrationsprobleme, Kopfschmerzen oder Reizungen der Augen und Atemwege. Zugluft ist aber ebenso ungünstig wie die fehlende Belüftung. Wenn die **Luftfeuchtigkeit generell zwischen 40 % und 60 %** liegt, was durch Blattpflanzen im Arbeitsraum und regelmäßigen Lüften in den Pausen erreicht wird, können Sie durch **Düfte** das Arbeitsklima zusätzlich fördern: **Rosmarin**, **Basilikum** und **Pfefferminze** bewirken Aufmerksamkeit und Erhöhen die Konzentrationsfähigkeit. Entspannend, und daher für die anschließende Freizeit und den Schlaf geeignet, wirken die ätherischen Öle von **Neroli** und **Jasmin**.

Lärm und Musik

Es ist vielleicht ungerecht, Lärm und Musik in einem Atemzug zu nennen, doch im Zusammenhang mit dem Lernen müssen diese gemeinsam betrachtet werden. Für das Gehirn stellen sie sich lediglich als verschiedene Geräusche dar. Dass ein lautes Geräusch nicht als Lärm, sondern als wohltuende Musik wahrgenommen wird, muss dem Gehirn erst einmal verdeutlicht werden.

Grundsätzlich scheint sich das Gehirn an Geräusche gut zu gewöhnen. Wohnt jemand etwa mit direktem Blick auf eine Stadtautobahn, behauptet dieser mit voller Überzeugung, sich „inzwischen daran gewöhnt zu haben und gut zu schlafen" – unvorstellbar für alle Außenstehenden. Tatsächlich fällt der Bewohner*in dagegen die völlige Stille bei einer Vollsperrung der Autobahn sofort auf, sogar als ungewöhnlich und eher irritierend. Da das Gehirn den Geräuschpegel kennt und nicht negativ besetzt hat, stellt das Wegfallen der Geräusche eine Störung dar. Diese Situation ist mit Musik hören oder der enormen Stille ohne Musik vergleichbar: Neuere Forschungsergebnisse belegen inzwischen den Einfluss von Musik auf die Konzentrationsfähigkeit, die ja eine Basisvoraussetzung für das Lernen ist. Ein vertrauter Lärmpegel, wie er etwa durch bekannte und emotional positiv wahrgenommene Musik erzeugt wird, stört die Konzentration nicht. Eigentlich ist die Musik so vertraut, dass schon gar nicht mehr bewusst hingehört wird. Und deshalb irritiert es vielmehr, wenn sie vollkommen wegfällt, denn das ist ein seltener, ungewöhnlicher Zustand, der die Aufmerksamkeit an sich zieht. Aber auch unbekannte Musik oder ein Radioprogramm mit seinen laufenden Unterbrechungen lenken das Gehirn ab. Hier wird wertvolle Energie, die sonst zum Arbeiten zur Verfügung stünde, für die Verarbeitung der ungewöhnlichen Situation verbraucht.

Grundsätzlich erhöht irgendeine unbekannte Musik nur bei uninteressanten **Routinearbeiten** die Leistung, deshalb putzt sich die Wohnung leichter mit solcher Musik oder mit einem Radioprogramm. Bei Denkleistungen, die unsere volle Konzentration benötigen, darf dagegen nur die eigene, vertraute und gern gehörte Musik laufen, wenn sie auch sonst ständig läuft. Dann stört sie einerseits nicht und bildet dagegen den bekannten Klangteppich, weil eine völlige Stille sogar irritierend wirken kann. Setzen Sie andererseits Musikstücke, mit denen Sie besondere Momente verbinden oder ein beliebiges Radioprogramm gezielt für **Pausen**, zum Abschalten und Entspannen ein – Sie haben dann eine deutliche Unterbrechung Ihrer Arbeit und werden wieder fit für die nächste Arbeitseinheit.

5.3.4   Den Arbeitsplatz Stück für Stück verändern

Haben Sie viele Tipps bekommen, sodass es Einiges zu verändern gibt? Sie brauchen jetzt nicht alles sofort umzusetzen, so als wäre Arbeiten sonst unmöglich. Gehen Sie in mehreren Tagen Stück für Stück vor.

Und als Letztes nutzen Sie noch einen fantastischen Lernvorgang unseres Gehirns: **Konditionieren Sie sich eindeutig auf bestimmte Lernorte.** Nehmen Sie an so einem Arbeitsplatz die innere Haltung „Jetzt lerne ich" ein. Vergegenwärtigen Sie sich dazu für einen kurzen Moment ein paar Aspekte dieses Ortes: Wie ist meine Körperhaltung, was sehe ich, welche Geräusche und auch welcher Geruch gehören dazu? All dies zusammen vermittelt Ihnen das Gefühl und die innere Haltung „Jetzt lerne ich". Diese Haltung motiviert Sie und macht Sie aufnahmebereit. Sie können besser denken, kombinieren und den

Lernstoff in sich aufnehmen. Und durch das regelmäßige Arbeiten am selben Platz gewöhnen Sie sich an das dortige Arbeitsklima und werden wiederum dadurch angeregt zu arbeiten.

In Pausen dagegen, oder wenn Sie für diesen Tag die Arbeit beenden wollen, verlassen Sie unbedingt den Arbeitsplatz. Sie trinken also einen Tee oder Kaffee nicht am Schreibtisch. Besser, Sie machen eine richtige Unterbrechung an einem passenden Ort für eine Pause, z.B. die Küche oder den Balkon. Dafür ist die Küche umgekehrt wiederum zum Lernen tabu.

☺ **Gut zu wissen!**

Achtung | Lernen Sie auf keinen Fall im Bett! Auch wenn es schon an verschiedenen Stellen erwähnt wurde: Vermischen Sie nicht die Orte, an denen Sie arbeiten, mit den Freizeit-, Entspannungs- und Schlafplätzen. So, wie Sie an den gemütlicheren Plätzen nicht wirklich in eine optimale Arbeitshaltung kommen, würden Sie, nachdem Sie im Bett auch gearbeitet haben, dort dann nicht wirklich abschalten können. Denn Ihr Gehirn weiß dann nicht mehr genau, was Sie hier nun im Moment konkret von ihm wollen.

☺ **Gut zu wissen!**

Dies können Ihre nächsten Schritte sein

[1] Haben Sie einen eindeutigen Arbeitsplatz in Ihrem Zimmer oder vermischen sich bisher etwa die einzelnen Orte in Ihrer Wohnung?

[2] Ist am Arbeitsplatz alles vorhanden, was Sie immer zum Arbeiten brauchen?

[3] Wohin können Sie in Pausen gehen, damit Sie den Arbeitsplatz wirklich verlassen?

5.4 Entspannungsübung „Ein wunderbarer Ort"

Im ersten Teil dieses Buches finden Sie eine Beschreibung, wie Entspannung eigentlich wirkt und warum man sie auch gegen Prüfungsangst nutzen kann. Es empfiehlt sich, diese vorab zu lesen und dann erst an dieser Stelle mit der konkreten Übung fortzufahren, weil Sie dann den Zusammenhang und die Anweisungen besser verstehen.

5.4.1 Das Besondere an dieser Übung

Unser Gehirn beherrscht eine grundsätzliche Aufgabe sehr gut: Es kann in Gedanken so tun als ob. Die negative Variante kennen Sie bereits in Form Ihrer Prüfungsängste. Denn Sie konnten feststellen, dass die bloße gedankliche Beschäftigung mit einer negativ verlaufenden Prüfung entsprechend unangenehme Gefühle bewirken kann. Natürlich kann man diese Als-ob-Fähigkeit unseres Gehirns auch in positive Richtung nutzen. Das funktioniert beispielsweise mit bekannter Musik, um sich in eine gute Stimmung zu bringen. Ebenso beim Betrachten der Fotos einer mitgemachten Reise oder Feier. Unwillkürlich muss man bei schönen Bildern schmunzeln, einfach nur dadurch, weil das Bild die Erinnerung an den wirklichen Moment weckt. Und dann fühlt es sich fast so an, als würde der Moment für eine kurze Zeit noch einmal Wirklichkeit.

Und Sich-erinnern-Können wird bei der **Imaginations-Entspannung** „Ein wunderbarer Ort" zur gezielten Entspannung genutzt. Sie brauchen dafür einen Ort, den Sie kennen und mit dem Sie angenehme Momente verbinden. Viele Menschen denken dabei spontan an etwas aus einem Urlaub und als typische Bilder werden ein Strand oder die Berge genannt. Andere denken eher an einen Ort aus ihrer Kindheit. Dann handelt es sich um eine Wiese oder ein Wald, wo man gespielt hat oder wohin man sich gern zurückgezogen hat. Letztendlich sind Ihrer Erinnerung keine Grenzen gesetzt. Der Ort muss nur die Bedingung erfüllen, dass Sie sich dort wohlgefühlt haben und sich deshalb gern daran erinnern mögen. Die Erinnerung sollte möglichst viele der Sinne beteiligen. Auch wenn wir von „inneren Bildern" sprechen, sind ebenso Geräusche, Geschmack und Geruch und vor allem ein Gefühl gemeint. Legen Sie nun für sich fest, an welchen Ort Sie bei dieser Entspannung denken wollen.

5.4.2   Die Übung

Abb. 19: Grundhaltung für Entspannungsübungen

Stellen Sie sich innerlich darauf ein, dass Sie sich entspannen wollen. Nehmen Sie dazu die für viele Entspannungsübungen geltende Grundhaltung ein, indem Sie sich auf einem Stuhl möglichst bequem hinsetzen. Lehnen Sie sich dazu mit dem Rücken an, stellen Sie beide Füße auf die Erde und legen Sie die Hände in den Schoß. Schließen Sie die Augen oder gucken Sie vor sich auf den Boden. Nehmen Sie ein paar tiefe Atemzüge, indem Sie einatmen und langsamer wieder ausatmen. Jetzt können Sie mit der Übung beginnen.

Stellen Sie sich vor, Sie wären jetzt wirklich an dem ausgesuchten Ort. Vor Ihrem geistigen Auge tauchen die dazu gehörigen Bilder auf. Schauen Sie sich um, was alles zu diesem Ort gehört. Sind Sie allein oder sind andere Menschen dabei?

Und welche Geräusche sind hier zu hören? Natur, Musik, Stimmen? Gibt es auch einen passenden Geruch oder sogar einen Geschmack? Versuchen Sie sich auch daran zu erinnern. Und wenn die Erinnerung gut funktioniert: Spüren Sie auch ein angenehmes Gefühl?

Geben Sie nun diesem Ort einen Namen. Das kann der tatsächliche Name sein (z.B. Rügen, Fidschi, Grunewald), ein passender Begriff (meine Wiese, Sandstrand, mein Balkon) oder ein allgemeines, zusammenfassendes Wort (z.B. Frühling, Ruhe, Wärme). Bleiben Sie in der Erinnerung ruhig ein paar Minuten dort und genießen es, an einem wunderbaren Ort zu sein. So entspannen Sie insgesamt ca. 5–10 Minuten.

Wenn Sie die Entspannungsübung beenden wollen, dann zählen Sie im Stillen bis 10 und öffnen dann wieder die Augen. Strecken Sie sich ruhig und machen sich bewusst, wo Sie wirklich sind.

Die Übung hat funktioniert, wenn es Ihnen gelungen ist, sich so zu fühlen, als wenn Sie wirklich für einen Moment dort gewesen sind und daher richtig abgeschaltet haben. Sie müssten sich jetzt angenehm erholt fühlen.

5.4.3 Mögliche Folgen

Konnten Sie sich nicht wirklich an den Ort erinnern, sodass Sie in der Fantasie doch nicht dort waren? Vielleicht fällt Ihnen diese Imagination grundsätzlich schwerer als eine Entspannungsübung, bei der Sie etwas Konkreteres machen müssen. Lernen Sie die Übungen der anderen Kapitel noch kennen, um die für sich passende Entspannungsmethode zu finden.

Haben Sie keinen wirklich guten schönen Ort gefunden? Es kann sein, dass Sie insgesamt zu wählerisch sind und auf die noch bessere Erinnerung warten. Es muss aber kein wirklich besonderer Ort sein. Nur schön, angenehm und positiv besetzt. Wenn Sie dennoch keinen Ort finden, dann können Sie sich auch einen ausdenken. Überlegen Sie dann, was für Sie ganz allein einen schönen Ort ausmacht. Entscheiden Sie, ob es mit Natur und/oder mit Menschen verbunden ist.

Denken Sie dabei an alle Sinne Sehen, Hören, Riechen, Schmecken und Fühlen und kreieren Sie sich so einen angenehmen Ort.

Sollten Sie Müdigkeit oder Schmerzen erst während der Entspannung bemerken, so sind diese nicht durch die Übung erzeugt, sondern sie werden zum ersten Mal bewusst wahrgenommen.

5.4.4 Entspannen – so oft Sie wollen

Der gefundene Name kann wie ein Schalter funktionieren, weil Sie genau wissen, welche Erinnerung sich dahinter verbirgt. Durch das Vorhaben „So, jetzt gehe ich wieder auf meine Frühlingswiese" können blitzschnell alle dazu gehörenden Sinneseindrücke aktiviert werden. Und letztendlich eben auch das angenehme Gefühl, welches ja durch die Entspannungsübung erreicht werden sollte.

6 Literatur

Bernstein, Douglas A. & Berkovec, Thomas D.: Entspannungstraining – Handbuch der Progressiven Muskelentspannung nach Jacobsen, Stuttgart: Klett-Cotta 2004 (11. Aufl.)

Cannon, Walter Bradford: Bodily change in pain, hunger, fear, and rage. New York: Appleton 1929

Ceh, Johann: Entspannen jederzeit! Techniken zur besseren Stressbewältigung, München: mvg-verlag 1995 (2. Aufl.)

Culler, Ralph E. & Holahan, Charles J.: Test anxiety and academic performance: The effects of study-related behaviors. Journal of Educational Psychology, 72(1), 16–20, 1980

Ebbinghaus, Hermann: Über das Gedächtnis. Untersuchungen zur experimentellen Psychologie, Leipzig: Verlag von Duncker & Humber 1885

Ellis, Albert: Grundlagen und Methoden der Rational-Emotiven Verhaltenstherapie, Stuttgart: Klett-Cotta 2008 (2. Aufl.)

Fehm, Lydia & Fydrich, Thomas: Prüfungsangst, Göttingen: Hogrefe Verlag 2011

Hüholdt, Jürgen: Wunderland des Lernens, Bochum: Verlag für Didaktik 1995 (5. neubearb. Aufl.)

Hülshoff, Friedhelm & Kaldewey, Rüdiger: Mit Erfolg studieren, München: Beck 1993 (3. neubearb. Auflage)

Kempf, Hans-Dieter: Die Sitzschule, Reinbek: Rowolth 1994

Kleinschroth, Robert: Sprachen lernen, Reinbek: Rowolth 1992

Mayer, Arthur & Herwig, Bernhard (Hrsg.): Handbuch der Psychologie, Band 9: Betriebspsychologie, Göttingen: Hogrefe 1961

Morgan, Clifford Thomas, Deese, James & Deese, Ellin K.: How to study, New York: McGraw Hill 1979 (3. Auflage)

Peurifoy, Reneau Z.: Angst, Panik und Phobien, Bern: Verlag Hans Huber 1993

Ramirez, Gerardo & Beilock, Sian L.: Writing About Testing Worries Boosts Exam Performance in the Classroom. Science 14, Januar 2011, Vol. 331 no. 6014 pp. 211–213

Reysen-Kostudis, Brigitte: Leichter lernen, München: mvg-Verlag 2007

Sarason, Irwin G.: Anxiety, self-preoccupation and attention. Anxiety Research, I, 3–7, 1988

Schraeder-Naef, Regula: Lerntraining für Erwachsene, Weinheim: Beltz-Verlag 1999 (4. überarb. und erw. Auflage)

Schwartz, Dieter: Nicht gleich den Kopf verlieren, Freiburg i.B.: Herder Verlag 1991

Vaitl, Dieter & Petermann, Franz (Hrsg.): Handbuch der Entspannungsverfahren, Band 1: Grundlagen und Methoden, Weinheim: Beltz Psychologie Verlags Union 2000 (2. Aufl.)

Wine, Jeri D.: Cognitive-attributional theory of test-anxiety. In I.G. Sarason (Ed.), Test Anxiety Theory, research and applications (pp. 349–385). Hillsdale, NJ: Erlbaum 1980.

Anhang

🕐	Mo	Di	Mi	Do	Fr	Sa	So
7							
8							
9							
10							
11							
12							
13							
14							
15							
16							
17							
18							
19							
20							
21							
22							
23							

Abb. 12: Wochenplan

Um einen eigenen Wochenplan zu erstellen, können Sie diese Seite kopieren.

Stichwörter